U0638010

中国社会科学院国情调研特大项目"精准扶贫精准脱贫百村调研"

精准扶贫精准脱贫百村调研丛书

CASE STUDIES OF TARGETED POVERTY REDUCTION AND
ALLEVIATION IN 100 VILLAGES

李培林／主编

# 精准扶贫精准脱贫
# 百村调研·八列村卷

## "五大产业"点亮脱贫攻坚路

张小溪　张　平／著

社会科学文献出版社

SOCIAL SCIENCES ACADEMIC PRESS (CHINA)

## "精准扶贫精准脱贫百村调研丛书"
## 编 委 会

主　编：李培林

副主编：马　援　魏后凯　陈光金

成　员：（按姓氏笔画排序）

王子豪　王延中　李　平　张　平　张　翼

张车伟　荆林波　谢寿光　潘家华

中国社会科学院国情调研特大项目
"精准扶贫精准脱贫百村调研"
项目协调办公室

主　任：王子豪

成　员：檀学文　刁鹏飞　闫　珺　田　甜　曲海燕

# 总　序

　　调查研究是党的优良传统和作风。在党中央领导下，中国社会科学院一贯秉持理论联系实际的学风，并具有开展国情调研的深厚传统。1988年，中国社会科学院与全国社会科学界一起开展了百县市经济社会调查，并被列为"七五"和"八五"国家哲学社会科学重点课题，出版了《中国国情丛书——百县市经济社会调查》。1998年，国情调研视野从中观走向微观，由国家社科基金批准百村经济社会调查"九五"重点项目，出版了《中国国情丛书——百村经济社会调查》。2006年，中国社会科学院全面启动国情调研工作，先后组织实施了1000余项国情调研项目，与地方合作设立院级国情调研基地12个、所级国情调研基地59个。国情调研很好地践行了理论联系实际、实践是检验真理的唯一标准的马克思主义认识论和学风，为发挥中国社会科学院思想库和智囊团作用做出了重要贡献。

　　党的十八大以来，在全面建成小康社会目标指引下，中央提出了到2020年实现我国现行标准下农村贫困人口脱贫、贫困县全部"摘帽"、解决区域性整体贫困的脱贫攻坚目标。中国的减贫成就举世瞩目，如此宏大的脱贫目标世所罕见。到2020年实现全面精准脱贫是党的十九大提出的三大攻坚战之一，是重大的社会目标和政治任务，中国的贫困地区在此期间也将发生翻天覆地的变化，而变化的过程注定不会一帆风顺或云淡风轻。记录这个伟大的过程，总结解决这个世界性难题的经验，为完成这个攻坚战献计献策，是社会科学工作者应有的责任担当。

2016年，中国社会科学院根据中央做出的"打赢脱贫攻坚战"战略部署，决定设立"精准扶贫精准脱贫百村调研"国情调研特大项目，集中优势人力、物力，以精准扶贫为主题，集中两年时间，开展贫困村百村调研。"精准扶贫精准脱贫百村调研"是中国社会科学院国情调研重大工程，有统一的样本村选择标准和广泛的地域分布，有明确的调研目标和统一的调研进度安排。调研的104个样本村，西部、中部和东部地区的比例分别为57%、27%和16%，对民族地区、边境地区、片区、深度贫困地区都有专门的考虑，有望对全国贫困村有基本的代表性，对当前中国农村贫困状况和减贫、发展状况有一个横断面式的全景展示。

在以习近平同志为核心的党中央坚强领导下，党的十八大以来的中国特色社会主义实践引导中国进入中国特色社会主义新时代，我国经济社会格局正在发生深刻变化，脱贫攻坚行动顺利推进，每年实现贫困人口脱贫1000多万人，贫困人口从2012年的9899万人减少到2017年的3046万人，在较短时间内实现了贫困村面貌的巨大改观。中国社会科学院组建了一百支调研团队，动员了不少于500名科研人员的调研队伍，付出了不少于3000个工作日，用脚步、笔尖和镜头记录了百余个贫困村在近年来发生的巨大变化。

根据规划，每个贫困村子课题组不仅要为总课题组提供数据，还要撰写和出版村庄调研报告，这就是呈现在读者面前的"精准扶贫精准脱贫百村调研丛书"。为了达到了解国情的基本目的，总课题组拟定了调研提纲和问卷，要求各村调研都要执行基本的"规定动作"和因村而异的"自选动作"，了解和写出每个村的特色，写出脱贫路上的风采以及荆棘！对每部报告我们都组织了专家评审，由作者根据修改意见进行修改，直到达到出版要求。我们希望，这套丛书的出版能为脱贫攻坚大业写下浓重的一笔。

中共十九大的胜利召开，确立习近平新时代中国特色社会主义思想作为各项工作的指导思想，宣告中国特色社会主义进入新时代，中央做出了社会主要矛盾转化的重大判断。从现在起到2020年，既是全面建成小康社会的决胜期，也是迈向第二个百年奋斗目标的历史交会期。在此期间，国家强调坚决打好防范化解重大风险、精准脱贫、污染防治三大攻坚战。2018年春节前夕，习近平总书记到深度贫困的四川凉山地区考察，就打好精准脱贫攻坚战提出八条要求，并通过脱贫攻坚三年行动计划加以推进。与此同时，为应对我国乡村发展不平衡不充分尤其突出的问题，国家适时启动了乡村振兴战略，要求到2020年乡村振兴取得重要进展，做好实施乡村振兴战略与打好精准脱贫攻坚战的有机衔接。通过调研，我们也发现，很多地方已经在实际工作中将脱贫攻坚与美丽乡村建设、城乡发展一体化结合在一起开展。可以预见，贫困地区的脱贫攻坚将不再只局限于贫困户脱贫，我们有充分的信心从贫困村发展看到乡村振兴的曙光和未来。

是为序！

全国人民代表大会社会建设委员会副主任委员

中国社会科学院副院长、学部委员

2018 年 10 月

# 前　言

　　中国经济长期保持了高速的增长，但是 2012 年以来，受到国际经济环境的影响以及国内经济结构调整所带来的结构性减速，经济增速开始变缓。随着经济情况的变化，扶贫工作也开始由大规模的粗放模式转入精准扶贫模式。

　　2013 年 11 月，习近平总书记在湖南湘西考察时做出"实事求是、因地制宜、分类指导、精准扶贫"的重要指示，"精准扶贫"重要思想首次被提出。2014 年 3 月，习近平总书记参加两会代表团审议时强调，要实施精准扶贫，瞄准扶贫对象，进行重点施策。这进一步阐释了精准扶贫理念。2015 年 6 月，习近平总书记在贵州省强调要科学谋划好"十三五"时期扶贫开发工作，确保贫困人口到 2020 年如期脱贫，并提出扶贫开发"贵在精准，重在精准，成败之举在于精准"的重要思想。

　　"精准扶贫、精准脱贫"战略，在内容上包括从精准识别扶贫对象、精准诊断致贫原因，到精准安排扶贫项目、精准计划和使用资金、精准选择到户扶贫措施、因人因村精准选派帮扶人员，最后精准考核和认定脱贫成效的过程。这是针对中国脱贫攻坚时期脱贫时间紧、任务重的特殊需要，利用中国独特的政治优势和制度优势，采取集中资源、瞄准扶贫对象、实现扶贫对象精准脱贫的一整套战略和实施安排。

本课题是中国社会科学院国情调研特大项目的子项目之一。项目在全国范围内选取了最具代表性的100个贫困村作为调查对象，组织专家学者进行了为期两年的跟踪调研，通过深入了解这100个贫困村的现状、造成贫困的原因、扶贫的主要措施和所取得的成效，提取出具有广泛性的、可推广的扶贫经验，并基于此提出相关的政策建议。

课题组从2016年下半年开始关注贵州省黎平县八列村的精准扶贫工作，并先后在2016年12月和2017年11月实地调研了八列村。与其他省份相比，贵州省在扶贫工作方面走得比较快，探索出了独特的贫困识别方法和与之相适应的脱贫手段。课题组在调研过程中对八列村产业扶贫进行了深入研究，并结合当地实际对村、镇和县三级的工作展开调研，力图对其实践进行归纳，形成可推广、可借鉴的经验。课题组在调研中随机选取了33户建档立卡贫困户和33户非贫困户，通过两次问卷调查，对八列村的自然地理条件、基础设施、农田水利情况、村民生活水平、村容村貌等诸多内容进行了对比分析。

通过跟踪调查和实体走访，课题组认为八列村特有的自然条件为其开展特色产业扶贫提供了保障，在党和政府的引导下，在农业带头人的积极配合和村民的大力支持下，八列村因地制宜进行产业布局，分别将黄桃、福猪、百香果、茶叶、蔬菜五大产业作为脱贫重点产业，并将五大脱贫产业合理分布于全村。如黄桃种植为粗放发展且无污染产业，在保障集中规模种植的情况下，可适当进行分散种植；而福猪养殖具有一定污染，选址主要安排在远离水源地和村寨处，防止水体污染和空气污染；百香果、茶叶、蔬菜产业对土壤要求较高，则主要分布在土壤优质的区域。如此设计安排，既保住了绿水青山，又换来了金山银山。

# 目　录

第一章

八列村基本情况

## 第一节　概况介绍

贵州省黔东南苗族侗族自治州黎平县，是中国茶叶产业发展示范县、全国十大生态产茶县；也是全国 28 个重点林区县和国家 11 个退耕还林示范县之一；还是中国第十大少数民族侗族的发源地，是侗族人口最多的县，这里的侗族大歌是世界非物质文化遗产；更是国家风景名胜区、国家全域旅游先行示范区、全国红色旅游经典景区，拥有中国历史文化名街翘街、中国十大最美古村落肇兴侗寨、八舟河国家级湿地公园和长征黎平会议会址。但黎平县因为缺乏矿产资源、人多地少、生产结构单一（以传统农业为主）和教育文化科技发展滞后，受"先天不足"和"后天发育不良"等因素制约，经济社会发展相对缓慢，至今仍然是国家级贫困县。

八列村属于黎平县水口镇，是非常典型的少数民族聚居的贫困村，村民为苗族或侗族。八列村距黎平县县城110公里，距水口镇12公里。目前全村有2个村民小组（按照自然村组成），共124户524人。全村共有劳动力304人，其中234人定期外出务工，以制造业和建筑业为主。村域面积达到2.194平方公里，地形以山地为主，其中有耕地272亩、林地2010亩、园地（桑园、果园为主）400亩。农户的承包地有110亩，集体耕作土地180亩。由于缺乏劳动力，且山区土质不适宜生产粮食作物，没有进行流转的农地被大量抛荒。

近年来，贵州省黎平县将特色产业和扶贫攻坚结合起来，制定了一系列配套政策，形成了特色产业扶贫完善的政策扶持体系，以"既要能脱贫，还要促生态，逐步能致富"的理念对八列村进行建设。采用现代化理念谋划少数民族地区特色产业扶贫，强化技能培训，力促特色产业的发展，将当地自然生态、历史文化与新型城镇化发展紧密结合，政策、项目和资金向特色产业项目倾斜，一直以促进少数民族地区增收为核心，大力探索发展带动村民致富的产业。2014年，八列村建档立卡贫困户55户223人（占总人口的42.56%）。此后几年，随着扶贫力度的不断加大，在各级政府的大力支持下，八列村的贫困户逐渐脱贫。2014年底脱贫3户9人，2015年脱贫5户15人，2016年脱贫9户32人。至2017年11月，全村还有38户167人未脱贫，贫困率下降到 31.87%，下降了 10.67 个百分点。

　　2015 年 11 月 29 日，中共中央、国务院颁布了《中共中央　国务院关于打赢脱贫攻坚战的决定》，这是指导打赢脱贫攻坚战的纲要性文件。在这个文件中，中央明确提出到 2020 年稳定实现农村贫困人口"两不愁、三保障"，即不愁吃、不愁穿，义务教育、基本医疗、住房安全有保障。作为比较典型的少数民族聚居村，八列村大力完善公共服务设施、不断引进产业项目、加强对村民的技能培训等，做了大量的扶贫工作，取得了明显成效，但也产生了一些问题。为全面了解八列村的扶贫工作，课题组 2016年 12 月对八列村村干部和村里整体情况进行调研，2017年 11 月又通过随机抽样，对 33 户建档立卡户、33 户非建档立卡户进行了深入的问卷调查。

## 第二节　基础设施和公共服务情况

　　八列村教育基础薄弱，全村文盲、半文盲 125 人，占全村人口数量的 23.85%。近年来全村非常重视教育，认为扶贫要先扶教育，要想早日使群众脱贫致富，教育必须先行，在这种理念的引导下，尽管八列村的经济条件欠佳，但是村的义务教育开展情况良好。截至 2017 年 11 月，八列村的孩子幼有所教，学龄前儿童共 34 人，尽管村里没有幼儿园，但是通过就近入学，目前仅5人未入园。村里于1974年建有公立小学1所，目前全村小学适龄人数为45人，其中28人在本村小学就读，2人在乡镇小学就读，13人在县城小学就读，2人在外地上学，实现了无人辍学。村里没有中学，最近的中学距村12公里。八列村的村民大部分人喜欢多生孩子，尽管不少家庭孩子较多，且经济困难，但孩子们都能顺利上学，并未出现家长因贫困而不让孩子上学的现象。

在课题组随机抽样的66户人家中，35户家中有正在上学的孩子，其中1户有5个上学的孩子，1户有4个，14户中有3个，15户有2个，4户有1个，可以看出，八列村88.57%的家庭有2个及以上正在上学的孩子。走访中，村民普遍反映教育补贴是孩子们得以上学的主要原因。由于八列村教育补贴多，每个孩子每学期只需要家长交50元，同时学校提供免费、高营养的早餐和午餐，即使家庭非常贫困，通过打工等手段，为孩子们支付200多元的学杂费基本上也没什么问题。

近年来，八列村的道路建设成果显著。目前，八列村有到水口镇的公交车，而且家家户户门口都是硬化水泥路。水泥路连着通村的柏油路，通村柏油路路面宽3.5米，总长度达12公里。村内通组道路长2公里，规划后建设的新村内通组道路几乎都进行了硬化。村里道路宽阔通畅，通向水口镇的公交车可以顺利在村内畅行。由于地处交界处，附近村落集聚，去往黎平县的长途汽车也会稍微绕道路过这里。村民们不论是去水口镇赶集，还是去黎平县上学，或者去附近城市打工、看病，基本上走几分钟就可以顺利乘坐上到达目的地的车。同时，由于道路平坦宽敞，村民自己开车、骑摩托车出行也非常方便，即使步履蹒跚的老人，也能拄着拐杖行走在平坦的马路上，亲自轻松地去买药或者取款。此外，由于硬化路通到家家户户门口，村民需要买煤等较重的生活材料时，大卡车能够将其送到村民家门口。

八列村自来水入户、通信信号全村覆盖，卫星电视也实现了户户通。全村饮用水以水源受保护的井水或泉水为主，占村民饮用水的80%。此外，村里也有水窖，干旱期村民吃水有"双重保障"，一方面是用水窖收集的雨水，另一方面是经过净化处理的自来水，如果自来水停了两天，可以用窖水来补充。此外，一些家庭为了省钱，吃净化处理过的窖水，采用自来水浇自家的小菜园子，发展一些庭院经济，合理安排用水。村里各个角落都有手机通信信号，不论是青壮年人士，还是年龄较大的长者，甚至是上学的孩子，几乎每个人都有一部智能手机，家家也都可以看卫星电视。

村民文化活动丰富，金融医疗服务基本能满足村民的生活需求。八列村建设有一个功能齐全的村级文化活动中心，文化设施配套齐全。第一，村民可以有设施良好的运动和交流场所，茶余饭后，男士们会聚在一起打篮球，女士们聚在一起跳广场舞，还有专门的老年活动中心，老人们聚在一起扭秧歌、下棋等。第二，村里建有1个村级图书馆，一些喜欢读书的人可以去图书馆借书阅读。第三，驻村工作队、村委会等在冬天会为村民组织技能培训，例如养殖技术、刺绣、家庭护理等，帮助村民获得一技之长，进而在劳动力市场上更有竞争力。第四，村内小超市内安装了富滇银行系统便民金融服务点，可以办理小额取款、转账汇款、信用还款、代理缴费、银行卡余额查询等业务，一些年龄大的老人在交医保费、取养老金等时，不需要专程去12公里以外的水口镇办理，更加安全和便捷。第五，村里建了1个卫生室和1个药店，目前2位医生中的1位已获得了行医资格证，医疗服务比较周到，全村未出现过0~5岁儿童死亡的现象。村民遇到感冒等轻微病的时候，一般都是去村卫生室买药，或骑摩托车、坐公交去水口镇的医院买药。全村村民都加入了新型农村合作医疗。

## 第三节　村民生活情况

八列村大部分村民住房条件较好。大部分村民通过当地政府的危房改造补贴项目，根据自身的经济实力，将旧房进行了翻新，盖起了宽敞明亮的砖瓦房，基本建筑面积都超过50平方米的规格，整体来说，村民住房条件较好。

村民住房比较宽敞。从表1-1可以看出，房屋面积小于50平方米的建档立卡贫困户有2户，占6.06%，非贫困户只有1户，占3.03%；房屋面积在50~100平方米的贫困户有 30 户，占 90.91%，非贫困户有 10 户，占 30.3%；房屋面积在 100~150 平方米的贫困户有 1 户，占 3.03%，非贫困户有 20 户，占 60.61%；房屋面积在 150 平方米以上的贫困户没有，非贫困户有 2 户，占 6.06%。总体来看，非贫困户的住房面积略微好于贫困户。村民普遍有足够的生活空间，住房条件较好。

表1-1　八列村村民住房面积分布情况

单位：户

| 面积 | 贫困户 | 非贫困户 |
| --- | --- | --- |
| 50 平方米以下 | 2 | 1 |
| 50~100 平方米 | 30 | 10 |
| 100~150 平方米 | 1 | 20 |
| 150 平方米以上 | 0 | 2 |

说明：本书统计图表，除特殊标注外，均来自八列村调研。

村民的日常开支主要包括食品消费、医药费、孩子上学的教育费、亲戚朋友婚丧嫁娶的礼金，以及每人 100 元的养老金和 90 元的合作医疗费用。通过对比 33 户贫困户和 33 户非贫困户，我们发现，贫困户的食品消费、医疗费高于非贫困户，而在教育费和礼金方面略低于非贫困户。而且，食品消费、医药费、教育费和礼金是村民主要的支出项目。

八列村水源干净，无污染，天空湛蓝，空气清新，没有制造噪声的工厂，土壤干净，没有受工业污染的土壤。由于人口集中居住，存在少量的生活垃圾污染村内环境的现象。虽然村里有很多垃圾处理设施，但大部分没有使用起来，导致垃圾对居民的生活产生了一些负面影响。此外，有些家庭散养鸡、羊等家禽、家畜，它们的粪便等污染也给村内环境造成了一些压力。

此外，八列村村民生活的安全与保障环境也较好。在随机抽样的66户样本中，2016~2017年都未遭遇过意外事故，也未在村里遭遇过偷抢等公共安全问题，也未因自然灾害而发生财产损失。这66户人家都用的是普通的大门，并未安装防盗门等专门的防盗装置。66户的家庭成员都认为天黑以后，走在路上非常安全。

第二章

黎平县产业扶贫情况

## 第一节　基本情况

　　黎平县是全国扶贫开发重点县之一，2002 年经国务院扶贫开发领导小组认定贫困乡镇 10 个、贫困村 74 个（按区划调整前 18 个乡镇、133 个行政村）。2014 年全县建档立卡贫困人口 88965 人，贫困发生率 28.9%。近年来，为切实打赢脱贫攻坚战，黎平县坚持把产业脱贫作为工作核心，在产业扶贫上精准发力，不断推进产业结构调整和升级，把产业培育作为扶贫开发重点工作，走出了一条政府引导、贫困户主动、企业带动、多部门联动、村（社区）促进的产业化扶贫开发新路子。2016 年完成 8 个贫困乡镇"减贫摘帽"、7 个贫困村"减贫出列"，贫困人口下降至 4.55 万人，贫困发生率下降至 14.76%。

## 第二节　主要做法和成效

### 一　政府领唱

全面推行脱贫攻坚"43216"扶贫工作模式，始终坚持把产业扶贫作为脱贫攻坚工作核心，发挥政府引导作用，确保扶贫产业对所有贫困户实现全覆盖。一是先后制定出台《黎平县产业扶贫实施方案》《黎平县特色产业精准扶贫"十三五"规划》《黎平县"五大"主导产业发展实施意见》等一系列产业扶贫政策性文件，确定产业扶贫发展方向、思路、目标和具体措施。二是鼓励县域涉农企业、合作社、种养大户等积极申报"三品一标"认证，推行无公害农产品生产标准，建立镇、村农产品质量安全监管机制，严把质量关，逐步实现集约化和标准化生产，提升农产品质量和安全。截至目前，全县5万亩蔬菜基地获贵州省"无公害蔬菜产地"认证，番茄、菜豆获农业部"无公害农产品"认证，山羊、肉兔获农业部无公害产品认证和贵州省"无公害产地"认证，"贵草"牌牛奶获"贵州省著名商品""贵州省名牌产品"称号。三是抢抓获批国家级电子商务进农村示范县契机，依托农村电商服务站点、微商等新型商业模式，成功引进阿里巴巴农村淘宝，做强"互联网＋"销售平台优势，探索建立"互联网＋山地旅游观光＋精准扶贫""农户＋公司""电商＋扶贫"模式，指导农业龙头企业、农民合作社、专业大户触网、上网，转变销售模式，拓宽销售渠道，支持重点龙头企业积极参加农交会、农博会、茶博会等大型展会，全力推动特色农产品"黔货出山"。目前，全县共建电商服务站140家，2017年上半年全县交易额达5.6亿元。四是支持农业企业连锁超市、配送企业及流通企业与贫困地区农民专业合作组织建立长期稳定合作关系，引导形成产销衔接顺畅、质量安全可控的生产销售局面。目前，与广州四家大型超市达成蔬菜、绿壳蛋鸡销售合作协议。

## 二 贫困户主唱

充分调动贫困人口创业积极性，变"要我脱贫"为"我要脱贫"，积极参与产业发展，变"单打独斗"为"抱团发展"。一是做"三变"的实践者。各村至少成立村级合作社1个以上，发动贫困户以土地、劳务劳资、林地等入股合作社，再由合作社集中入股龙头企业、家庭农场等各类经济组织，推动土地（林地）整组、整村股份化流转，实行土地连片集中开发，促进农民变股民、资源变资产、资金变股金。二是做"扶智"的主导者。紧紧围绕"实现需要产业扶贫的各贫困户户均参与一个产业，掌握1~2项脱贫致富的技能，实现户均有一项稳定增收的种植养殖业或其他第二、第三经营门路"的要求，引导贫困户参加各种技能培训，掌握致富手段，从根本上拔"穷根"。三是做就业的受益者。按照"就业一人、脱贫一户"目标，依托轴承产业园、水晶产业园、家居产业园等一批精准扶贫转移就业示范基地，鼓励贫困群众到园区（镇）、企业等就业，增加家庭收入。如高新区轴承园区和水晶产业园务工贫困户共计364人，占总工人人数的15%，工资稳定在2500~8000元/月不等，均实现了稳定脱贫。

## 三 社企合唱

发挥龙头企业带动作用、合作社的桥梁作用，全方位、深层次、多角度创新，以多种利益联结模式拓宽群众增收渠道。一是"企业＋四金"收入模式，即以"龙头企业＋合作社＋基地＋农户"来增加农户"四金"收入模式。如基长镇济生公司和绿健神农公司发展铁皮石斛种植5000余亩，辐射带动季节性用工超过1000人，增加农户土地流转入股分红收入、以苗入股分红收入、务工薪金收入和"特惠贷"入股分红收入。二是"三方占股"模式，即"龙头企业＋村委会（合作社）＋农户"入股三方分红模式。如青龙无患子公司在上司镇发展无患子种植基地1万余亩，其中公司占股56%、农户占股40%、村委会（合作社）占股4%，扣除种植管理成本后的纯利润按三方占股比例进行分配。三是"领管领包"模式。如颍梵公司在上司发展茶叶种植基地1.9万亩，"领管"，即将茶园分割成块，分别交由贫困户管护，按管护面积给予服务费；"领包"，即通过土地置换把贫困户的土地整合到茶园，并让贫困户参与管理、养护、销售等全过程，赋予农户自主经营权，创造经营性收入。四是"三三三制"模式，即"公司＋村委会＋贫困户"的"三三三制"利益分配方式。如春禄公司按"三三三制"利益分配机制，保底收入的 1/3 是贫困户的土地入股和扶贫资金入股的固定分红，1/3 是精准扶贫户投入劳动力的务工收入，1/3 是公司的技术指导和收购成本、农户的奖励、村集体经济收入，贫困户在自家田地种植水薹，每亩收入超过 4500 元，远超水稻种植效益。

## 四 村（社区）联唱

一是发挥党组织引领作用。在"党建＋扶贫"工作方面不断探索创新，形成"村级党建'125 工程'＋扶贫"工作模式，重点发挥党支部核心作用，突出抓好"一村一特一景"和村级公共服务建设。"1"，即通过选好支部书记、配强领导班子、建强党员队伍从而强化一个领导核心；"2"，即围绕产业发展和载体建设培育一个富民产业、建好一个活动阵地；"5"，即建设"邻里富、邻里学、邻里乐、邻里美、邻里安"和谐"五邻"幸福家园。如大力培育轴承产业，通过村党支部和企业支部密切合作以及党员联系贫困户，建立企业用工需求台账，切实搭建起贫困户入企就业桥梁，促进贫困群众实现就业脱贫。

二是发挥专业村带动作用。围绕"一村一特一品"，大力发展专业村，重点扶持茶叶、中药材、水果、蔬菜、烤烟、生态畜牧业六大主导产业，厚植长期稳定增收产业，增加村级集体经济收入。

三是发挥村级产业平台的载体作用。依托村级工业园发展平台，加大招商引资力度，引进企业入驻，为贫困劳动户提供就业平台，让群众实现家门口就业，增加务工收入。大力发展农民专业合作组织，为贫困群众搞好产前、产中和产后服务。目前，全县共成立农民专业合作社共543家。

## 第三节　几点启示

### 一　政府引导是关键

扶贫开发是民生工程，需要多维联动、多策并举。产业扶贫如何在实践中精准落地和推进，需要政府发挥引导作用。[①] 黎平县通过政府引导，积极整合各方面力量参与扶贫，着力做好金融扶贫、电商扶贫等工作，系统地推进精准产业扶贫，为贫困农户增收脱贫夯实基础。

### 二　抓好产业是核心

发展产业、解决就业是脱贫攻坚的核心问题。黎平县

---

① 白南生、卢迈:《中国农村扶贫开发移民:方法和经验》,《管理世界》2000年第3期。

在推进脱贫攻坚工作中牢牢扭住了产业这个核心，通过"43216"扶贫工作模式，确保产业扶贫项目覆盖所有贫困村，具备就业能力的贫困户全部参与就业，从根本上解决了贫困户长效增收问题，达到了"真脱贫"效果。

### 三　加强基层党建是保障

村级是脱贫攻坚的主战场。农村基层组织在落实好各项扶贫举措、帮助农民选好产业、示范带动等各方面起着重要作用。黎平县着力在"党建＋扶贫"方面探索创新，实施基层党建"125"工程，特别抓好驻村第一书记队伍建设，有效保障了脱贫攻坚各项工作开展。

第三章

水口镇产业扶贫情况

黎平县水口镇着力抓实产业扶贫这个重中之重，突出造血主线，突出助民增收重点，在实践中探索形成了建机制、建台账、建示范和坡上有茶、土中有药、圈舍有猪、林下有鸡、棚里有菌、洞内有酒的"三建六有"产业扶贫"水口路径"。通过建立省州县协作落实工作机制、县委常委挂职负责制、定点包干责任制，强化组织保障；通过建立村组产业发展总账、贫困户产业增收明细账，强化精准管理；通过发挥村级党组织和农村党员作用，建成标准化茶叶种植、生态猪养殖、海花草种植等基地，强化示范引领。"三建"让干部群众干有目标、干有方向、干有举措，"六有"使扶贫产业产有优势、产有特色、产有支撑，促进了贫困村产业发展、贫困户持续增收，脱贫基础不断夯实。

黎平县水口镇是全省 20 个极贫乡镇之一。近年来，水口镇突出造血扶贫主线，突出助民增收重点，以建机制、建台账、建示范为抓手，大力发展特色优势产业，实施坡上有茶、土中有药、圈舍有猪、林下有鸡、棚里有菌、洞内有酒"六有"工程，着力拔穷"根"、治穷"本"，形成了"三建六有"产业扶贫新模式，拓展了产业扶贫的新路径。贫困发生率由 2015 年底的 34.75% 降至 28.27%，特色优势产业支撑农业增效、农民增收的能力持续增强。

## 第一节　主要做法

### 一　"三建"夯基础

　　干有目标、干有方向、干有举措。水口镇把建立良性工作机制与示范带动紧密结合起来，既当好脱贫攻坚的组织者和推动者，又当好产业发展的示范者和实践者，通过带着群众干、做给群众看，有效激发了群众的内生动力，形成了合力脱贫攻坚的良好工作局面。

　　一是建机制，强化保障。针对产业扶贫投入资金量大、涉及面广的实际，建立了省州总体调度、县级具体指挥、部门（镇）协作落实的工作机制。县级层面实行县委常委挂职负责制和部门定点包干责任制，委派一名县委常委担任水口镇党委第一书记，蹲点包干，不脱贫不脱钩；县、镇十余家部门（站所）500多名干部职工对全镇2651户建档立卡贫困户量化包保到人，实行周调度、旬督查、月推进，定期不定期解决工作中的困难问题。

二是建台账，精准管理。水口镇建立村组产业发展总账，12个贫困村建立本村产业发展台账，摸清资源和产业家底，厘清需要解决的问题，制定产业发展作战图，明确产业发展思路、目标、产业名称、产业规模、项目资金、年收益、覆盖贫困户、实施进度等，确保2020年前各村贫困户都能实现产业脱贫。驻村帮扶干部建立贫困户产业增收明细账，每个结对帮扶干部负责对帮扶对象的产业情况进行登记，全面了解贫困户产业现状，提出帮扶措施，明确帮扶发展的产业名称、发展措施、收益和脱贫时限等。

三是建示范，引领带动。发挥党员示范引领作用，培育产业发展示范基地，让其他贫困村、贫困户"有样学样"。现已建成标准化茶叶种植示范基地、生态猪养殖示范基地、海花草种植示范基地、劳动技能培训基地等4个基地。比如，2010年以来，在适宜茶叶种植的新光村建设标准化茶园，配套建设防护林、机耕道、灌溉系统等基础设施，高起点、高标准发展生态茶叶产业，目前已发展为省级茶产业示范园，茶园面积1万余亩；引进龙头企业投入5000万元在洋方村建设生态猪养殖基地，圈舍建设和防疫达到国家标准，排放物实现零污染标准，品种上选择养殖黑毛猪，采取全熟食喂养方式，养殖周期在 10 个月以上，主打生态猪肉高端市场；引进龙头企业落户里中村建设海花草种植示范基地，建设规模为 1 万亩。

## 二 "六有"强支撑

产有优势、产有特色、产有支撑。按照"村村有特色产业、户户有增收门路"要求，水口镇根据资源禀赋、产业基础及贫困户需求，从 2016 年起计划用 3~5 年时间，推进"五个一"行动计划，即建成 1 个 10 万亩省级茶产业示范园区、1 个省级万亩海花草种植基地、1 个 10 万头生态猪专供基地、1 个 5000 亩中药材山地特色农业示范区，每村有 1 个支柱产业，实现产业扶贫全覆盖，产业发展广支撑，决胜脱贫攻坚、同步全面小康。

一是坡上有茶。水口镇常年云雾缭绕，气候、土壤等非常适宜茶叶种植，素有"高原茶乡·云上水口"美誉。全镇茶园面积从 2007 年的 0.72 万亩发展到 10 万余亩，其中可采茶园达 5.2 万亩，涉茶人口达 1.1 万余人。引进和创办茶企 15 家，培育涉茶农民专业合作社 18 个，其中，已建加工厂房 10 家，已取得"三品一标"涉茶企业、合作社 8 家，开通电子商务平台 5 家。在贵州省第四届斗茶大赛中荣获 5 金、3 银、6 铜、6 优质 20 个奖项佳绩。

二是土中有药。引进龙头企业带动种植海花草和中草药，扩大种植面积，带动贫困群众脱贫。目前，海花草种植初见成效，一期种植 2000 余亩已全面完成，第二期正有序推进。基地建成后，辐射带动 12 个村种植 2 万亩，带动贫困户 786 户 3528 人。通过土地流转、务工、承包管理、合作分红等多种方式，贫困户人均年增收可达 5000 余元。引进药材公司发展白芨、白术等中药材种植，公司提供种苗、肥料，负责技术指导和病虫害防治，群众负责栽种和管护，采用白芨、白术套种模式，以短养长（白芨三年才可收成，白术一年收成），收成后，公司按协议价统一回购。目前，种植面积 3800 亩，带动 4 个贫困村 231 户贫困户增收。

三是圈舍有猪。水口镇当地群众还保留着煮熟食喂养黑毛猪的生态养殖方式，出产的猪肉深受贵阳等城市居民的欢迎，近年来市场需求大幅提升，市场售价明显高于饲料猪的价格。黎平县对按要求生态喂养黑毛猪的贫困养殖户，按每个贫困人口补 2 头黑毛猪、每头猪补助 1500 元的标准给予养殖补助，2017 年首期实施 17 个合作社 5 万头生猪产业扶贫项目，直接带动全镇 2043 户 6877 名贫困人口增收。

四是林下有鸡。充分利用丰富的林地资源，通过招商引资创建绿壳蛋鸡 10 万羽的茶园、林园饲养培训基地，按企业（公司）统一提供鸡苗、饲料、技术服务、疫苗药品、保价回收销售（五统一）管理模式"以养代训"，贫困户在养殖过程中通过学习培训成为养殖能手，实现脱贫致富。一年后养殖户离开基地自行发展，基地养殖户不断更新，使之成为贫困户脱贫致富的"孵化园"，目前基地建设正有序推进。

五是棚里有菌。水口镇气候、土壤非常适宜食用菌的生长，水口普通野生菌在贵阳市场可卖到 120 元 / 公斤。2016 年水口镇引进 1 家龙头企业，通过"企业 + 农户（贫困户）+ 基地"的经营模式，由公司提供种子和技术，产品由公司保价收购，带动贫困户发展。目前，在公司的带动下 56 户贫困户办起了自己的生产基地，产品远销湖南靖州、广西南宁、云南砚山等地。2017 年产值近 300 万元，纯利润 100 余万元，户均产食用菌 3300 袋，每户增收达 2 万余元。

六是洞内有酒。水口镇是少数民族聚居区，有酿制泡糟酒的传统，其中苗族泡糟酒品位工艺独特，享有"苗家茅台"美誉，产品物美价廉，供不应求。2016 年，水口镇扶持创办泡糟酒公司，采取"企业 + 村集体 + 贫困户"的经营模式，村集体和农户（贫困户）通过水资源及土地入股，企业、农户（贫困户）、村集体按 7：2：1 比例分红。2017 年预计产量 10 万公斤，年产值将达到 760 万元，年纯利润 352.8 万元。48 户贫困户分红可达 71.6 万元，户均分红可达 1.5 万元。

## 第二节　取得的成效

### 一　特色产业规模拓展

通过示范带动，水口镇六大产业规模迅速得到扩大，逐步朝规模化、标准化、专业化方向发展。截至 2017 年上半年，除已建成 10 万亩茶园外，还发展中药材种植 0.45 万亩、饲养猪 8000 头、栽培食用菌 10 万棒、生产泡糟酒 5 万公斤，初步建成连片 200 亩以上规模化种植示范基地 5 个、规范养殖基地 1 个。

## 二 生产要素聚合提速

通过利益共享、风险共担，加强和巩固了农户、村集体与企业、家庭农场、种养大户之间的合作关系，资源、资金、劳动力要素由"散而弱"向"合而强"转变，聚合效应得到明显释放。目前水口镇共有企业 22 家，家庭农场 18 个，辐射带动农户 4836 户 19052 人，登记注册农民专业合作社 24 个，带动 3000 余人就业。

## 三 农民收入增长加快

建立"企业＋合作社＋农户（贫困户）"的模式，通过土地流转、订单生产、务工等方式，企业、合作社与贫困户建起了利益联结机制，帮助贫困户增加收益。比如，海花草种植项目积极探索老百姓以土地入股和贫困户返租管理模式，流转贫困户土地 3400 亩，涉及贫困户 180 余户 810 人，带动贫困户参加务工，实现户均增收 3.4 万元。2017 年上半年，农民人均可支配收入达 8071.21 元，同比增长 9.7%。

## 第三节　经验启示

### 一　推进产业扶贫，需要创新组织机制

各级干部是推动脱贫攻坚的引领力量，广大农民群众是精准脱贫的主体力量，引导有力、主体发力，是脱贫攻坚的组织基础。[①] 黎平县突出问题导向，突出整改落实，突出干部作风，建立脱贫攻坚工作机制，强化领导干部的主要责任和扶贫工作者的直接责任，加大在扶贫工作中考核干部的权重，在一线把干部考实、把干部用好。事实证明，干部选拔过"扶贫关"的选人用人机制，大大提高了广大干部的积极性、主动性、创造性，责任意识、担当意识明显增强。

### 二　推进产业扶贫，需要强化利益机制

生产和销售的连接，就是利益共同体的组合，是产业持续发展、农民持续增收的重要载体。黎平县引进企业带动贫困户饲养黑毛猪，贫困户交由企业代饲代养，出栏后可按 6∶4 比例分红；由贫困户自养黑毛猪、公司负责进行回收等举措，有效处理了效益与利益、共赢与共享的关系，实现了企业乐意、群众开心。事实证明，通过流转土

精准扶贫精准脱贫百村调研·八列村卷

---

①　邓维杰：《精准扶贫的难点、对策与路径选择》，《农村经济》2014 年第 6 期。

地、入股、代饲代养、务工、种苗供应和保护价收购等多
种方式加强合作，建立利益联结机制，不仅能够增加贫困
户的资产收入、务工收入，还能够大大降低贫困户产业发
展风险。

## 三 推进产业扶贫，需要推动优势转化

物尽其用是产业扶贫的最大资源，盘活各类生态、生
产、生活资源，是农村发展的"金山银山"。贫困地区的
产业发展，离不开资源优势和比较优势，要把贫困村的生
态、土地、气候甚至空气等资源情况摸清核准，还要考虑
到贫困户产业基础薄弱、自我发展能力弱的问题，能发展
什么就发展什么，宜种则种，宜养则养，宜游则游，宜加
工则加工，不搞"一刀切"。

## 四 推进产业扶贫，需要做好内外联动

外因要通过内因起作用，用活外援是产业扶贫的高效
机制，必须借好势、用好势，才能趁势而上。要切实把握
好省、州、县、镇、村五级联动机制，争取上级领导和部
门为发展扶资、扶智。要应用好现有资源，通过宣传发动
和利益连接等方式吸引企业参与产业扶贫，发挥企业资
金、经营管理等优势，推动产销连接，实现发展"双赢"、
合作"共赢"。

第四章

八列村扶贫概况

黎平县水口镇八列村辖2个村民小组，全村共124户524人。截至2017年11月，全村有贫困户38户，贫困人口167人。八列村建有村支部，现有党员21名，党员代表7人，村两委班子成员共2人。八列村因地制宜，结合"四在农家·美丽乡村"创建活动，以"幸福家园·邻里相亲"为主题，以村干部职业化管理为抓手，依托黔南现代农业产业园区平台，大力培育和发展高效现代农业和乡村旅游业，努力构建"五邻"和谐家园，逐步探索形成"125"党建+产业扶贫工作模式，使全村农业更快发展、农村更加繁荣、农民生活更加幸福。

# 第一节 "125"党建工程引领

## 一 "一个核心"增活力

2016 年，黎平县委、县人民政府新修订出台《黎平县村（社区）干部职业化管理办法》（以下简称《管理办法》），制定村（社区）干部队伍报酬稳定增长长效机制，建立由"基础工资＋岗位津贴＋绩效考核报酬＋职龄津贴＋村集体经济提成"组成的报酬体系。水口镇八列村严格按照《管理办法》规定要求，全面实行村干部职业化管理，村干部正式转入"全脱产专职"时代，促使村干部实现"吃住行在村、开展工作在村、服务群众在村、发展产业在村、化解矛盾在村"的"五个在村"全天候服务群众机制。为从根本上解决群众贫困问题，八列村两委班子充分认识到做强产业才是实现群众致富增收的根本，为实现这一目标，村两委班子结合当地实际，突出在培育现代高效农业、乡村旅游业和壮大村级集体经济上发力，通过招商引资、发展家庭农场、鼓励群众创业就业等方式，实现群众致富增收目标。目前，全村共落户企业 4 家，建成企业 2 家，在建 2 家，招商引资签约资金共 21.8 万元，到位资金 14.5 万元。

## 二 "两个支撑"带致富

### 1. 培育"一村一特一品"

八列村紧紧围绕"一村一特一品"目标，着力培育富民产业，在"一特"上，依托当地特有的自然旅游资源，引入企业打造了亿年洞天、千亩花海等景观，带动周边群众发展农家乐5家、民宿2家，实现200余名群众致富，其中贫困户60余名，促进产业发展"接二连三"。在"一品"上，重点打造中药材种植专业村，招商引资1家龙头企业，引导成立1个专业合作社，共种植铁皮石斛、灵芝、白及等中草药100余亩，带动了26名群众致富，其中贫困户7人。同时，通过"以强带弱"模式，带动周边村落发展种植，实现了"黔货出山"、共同发展目标。

### 2. 建好邻里中心

建成八列村"邻里中心"，内设"一厅、两校、九室、一店、一中心"（便民服务大厅，村级党校、村民夜校，办公室、议事室、党员活动室、图书室、调解室、医务室、警务室、日间照料室、群团工作室，村民便利店，农村电商中心），配套乡村休闲酒店，在方便群众办事的同时满足购物娱乐需求。

## 三 "五个邻里"建家园

八列村始终坚持围绕和谐家园、邻里如亲的理念，以构建"幸福家园·邻里相亲"为目标，开展主题鲜明、形式多样、内涵丰富的活动，动员全体村民发扬守望相助精神，共建邻里如亲的幸福家园，不断提升村民幸福指数。在调研中，我们随机对66户村民进行了有关生活评价情况的问卷调查，总体来看大部分村民对于现在的生活状况处于满意状态，87.88%的村民认为自己对于生活比较满意或者非常满意。村民的幸福感也很高，66户村民中有55户认为非常幸福，3户认为比较幸福，5户认为一般，仅有3户认为不太幸福（见表4-1）。

表4-1　八列村村民生活评价情况

单位：户

| | | |
|---|---|---|
| 总体来看，对现在生活状况满意程度 | 非常满意 | 40 |
| | 比较满意 | 18 |
| | 一般 | 4 |
| | 不太满意 | 3 |
| | 很不满意 | 1 |
| 你的幸福感程度如何 | 非常幸福 | 55 |
| | 比较幸福 | 3 |
| | 一般 | 5 |
| | 不太幸福 | 3 |
| | 很不幸福 | 0 |
| 与5年前相比，你家的生活变得怎么样 | 好很多 | 40 |
| | 好一些 | 8 |
| | 差不多 | 15 |
| | 差一些 | 2 |
| | 差很多 | 1 |
| 你觉得5年后，你家的生活会变得怎么样 | 好很多 | 33 |
| | 好一些 | 20 |
| | 差不多 | 13 |
| | 差一些 | 0 |
| | 差很多 | 0 |
| | 不好说 | 0 |

| | 好很多 | 30 |
|---|---|---|
| | 好一些 | 10 |
| 与多数亲朋好友相比，你家过得怎么样 | 差不多 | 20 |
| | 差一些 | 3 |
| | 差很多 | 3 |
| | 好很多 | 33 |
| | 好一些 | 5 |
| 与本村多数人相比，你家过得怎么样 | 差不多 | 25 |
| | 差一些 | 2 |
| | 差很多 | 1 |

1. 邻里"富"

八列村充分利用独特的自然、生态、气候条件环境，按照"一村一特、一村一品"定位，大力发展乡村旅游、现代高效农业等产业，形成"党支部+旅游景区+贫困户""党支部+企业+产业+农户"工作模式，既壮大了村集体经济，也拓宽了农民增收就业渠道，逐步实现"四赚"（农民土地流转稳赚、家门口务工好赚、发展乡村旅游多赚、村集体与群众共赚）。目前，全村15户贫困户共流转土地15亩，获15万元土地流转金。同时，贫困户参加铁皮石斛、玫瑰花种植等项目，获分红14万元，引进的龙头企业解决当地务工24人。如表4-1所示，村民们对于自己家庭情况的好转有所认识。40户村民认为自己的生活与5年前相比好很多，30户村民认为与多数亲朋好友相比自己家过得好很多。

2. 邻里"学"

以持续开展"两学一做"学习教育常态化、制度化为契机，充分发挥党校主阵地、主渠道作用，结合党支部"三会一课"制度，采取典型教育、分散讨论、组织参观、电化教育、外出参观等多形式教学，重点围绕精准扶贫、发展产业村、壮大集体经济和建设美丽乡村大力开展创业致富技能、就业指导等培训，开创村级教育常态化新路径，促进新型和谐的邻里关系。2016年以来，共开展培训十余次，组织村干部、致富带头人、党员群众外出学习培训2次。

3. 邻里"乐"

充分发挥群众文体团队"以点带面"的辐射作用，利用节庆、民间传统节日和农闲时节，开展农畜产品比赛、农民体育竞赛、文艺表演等形式多样的文体活动，引导群众走出家庭，融入和参与村建设发展，让群众在"文化共享"上各得其所，在"文化参与"上各显其能，进一步凝聚民心，营造邻里相亲、安居乐业的和美氛围。

4. 邻里"美"

为进一步增进邻里感情，提升服务能力，八列村通过制定村规民约，促进村民自治，营造良好风气，增强群众的归属感和幸福感。同时广泛开展美丽乡村和乡风文明建设，依托独八列（天塔）、神仙洞（天洞）、鸟巢观光等景区景点的打造，努力创建干净整洁、规范有序、文明和谐的人居环境，使村容村貌焕然一新。

5. 邻里"安"

结合"一村一警"建设，设立村级警务室，开展联防联建、法律咨询、矛盾纠纷调处等工作。同时，推进村民自治，保障农民村务的知情权、说话权和决策权，增进邻里信任。2016 年以来，共调处纠纷十余起，提供法律咨询 8 人次，有效推进安全村寨的建设。

## 第二节 "党支部 + X + 贫困户"模式助推脱贫攻坚

近年来，八列村以"党建上水平、扶贫见成效、党建扶贫出经验"为目标，积极探索"党支部 +X+ 贫困户"模式，不断发展壮大村级集体经济，主动让贫困户积极融入县域经济浪潮和致富产业链。

### 一 "党支部 + 合作社 + 企业 + 贫困户"模式

充分结合水口镇现代农业示范园区发展平台，重点依托村域内绿健神农、济生铁皮石斛两家龙头企业，采取"党支部 + 合作社 + 企业 + 贫困户"发展模式，重点培育"一村一特一品"，大力发展铁皮石斛产业。一是贫困户以土地入股参与分红。由村党支部牵头，鼓励全村群众通过土地加入农民专业合作社，以入股方式将土地流转给济生和绿健神农两家农业龙头公司，由公司统一进行管理，年终给予贫困户固定分红，使贫困户流转土地获取租金。二是以扶贫资金入股参与分红。按照"镇引导＋企业（产业）＋合作社＋贫困户"模式，由镇级党委政府对资金进行整合，将其投入优强企业，让贫困户实现资金入股分红。三是就业增收入。为切实解决当地农村富余劳动力和贫困群众就业问题，和村域内企业达成协议，务工优先聘用当地贫困户和土地流转户，让贫困户就业获得薪金。目前，全村具备就业能力的 46 名贫困人口全部通过就业实现脱贫。通过招商引资引进 1 家龙头企业，成立农民专业合作社 1 个，种植铁皮石斛、灵芝、白及等中草药材 100 余亩，带动本村及邻村 30 多名农户就近就地就业，其中本村贫困户 7 人。

## 二 "党支部＋旅游景区＋贫困户"模式

由村党支部配合镇政府的旅游项目开发，依托天洞、千色花都等旅游景区景点鼓励贫困户从事农家乐、休闲宾馆、养生体验、电商模式销售旅游产品等生态农业观光一体化旅游经营活动，构建支部、景区和贫困户互利共赢、助力脱贫的利益机制。

## 三 "党支部＋合作组织＋贫困户"模式

大力发展农民专业合作社，坚持"有钱出钱、有地出地"的灵活经营办社理念，鼓励和支持广大农民以现金、土地等多种方式入股，村两委班子成员兼任合作社管理人员职务，实施交叉任职、双重管理，提升产业发展的组织化程度。

## 四 "党支部＋党员干部＋贫困户"模式

由村党支部牵头，把党员培养成农村经济发展骨干，把党员致富带头人培养成村干部，并采取"党支部班子成员＋贫困户""骨干党员＋贫困户"等"一对一"或"一对多"结对帮扶方式，对贫困户进行技术帮扶和规范性指导，推动形成了以党员带动产业发展、以产业发展聚集党员群众的良好局面。

第五章

"两加一推"产业扶贫模式

脱贫攻坚是"十三五"时期的头等大事和第一民生工程。深度贫困地区是脱贫攻坚的主战场，打赢脱贫攻坚战，必须做好"主动"文章，着力激发主体主动性，打好发展主动仗，才能如期实现脱贫奔小康目标。做好"主动"文章，需要创新思路、创新路径、创新举措做支撑，推动自我造血功能的增强，实现从输血到造血的转变。近年来，八列村紧扣产业扶贫这个重中之重，既注重发挥市场的决定性作用，又注重更好地发挥政府的作用；既注重挖掘"三农"潜力，又注重整合多方外力，通过"龙头企业＋合作社＋贫困户"带民增收，"产业园区＋企业＋贫困户"助民就业，"专班推动"联结市场农户，形成了独具特色、可资借鉴的"两加一推"产业扶贫新模式，促进了贫困村产业发展、贫困户持续增收。

产业扶贫是脱贫攻坚的重中之重。八列村在推进脱贫攻坚工作中，以"户户有增收项目、人人有脱贫门路"为目标，结合当地实际，着力以"龙头企业＋合作社＋贫困户"带民增收，以"产业园区＋企业＋贫困户"助民就业，以"专班推动"联结市场农户，形成了"两加一推"的产业扶贫新模式，有效促进了贫困村产业发展、贫困户持续增收。产业扶贫已经成为八列村贫困人口脱贫的主要方式，通过产业实现就业最终帮助贫困人口稳定脱贫。

## 第一节　主要做法及成效

### 一　龙头企业＋合作社＋贫困户：利益联结增收益

八列村积极引导当地农业龙头企业发展扶贫产业，推动龙头企业与农户特别是贫困户建立利益共享机制，实现了企业增效、农民增收"双赢"。一是要素入股分红。推行"龙头企业＋合作社＋贫困户"发展模式，农民专业合作社发挥纽带链接作用，主动帮助龙头企业流转土地发展产业。贫困群众将土地捆绑委托给合作社，由合作社流转给龙头企业，按年收取流转费用。整合财政专项扶贫资金、贫困户自筹资金或以工折资、合作社资金量化入股到企业，前三年，按量化入股金额的 5% 保底分红给合作社和贫困户，从第四年起，按效益分红给未脱贫的贫困户，全部脱贫后，股份收益纳入村集体经济，用于村级公益事业发展。二是参与管理分成。龙头企业选取有一定技术的贫困户，让其承包部分产业发展，享受管理分成。如创新茶园管理模式，划定 30 亩、40 亩、50 亩三类管理网格，将建好划定的网格茶园按照 300 元 / 亩承包给贫困户按标准管理，帮助贫困群众增加收入。目前，已有 7 户贫困户参与领管，一年至少可增加 9000 元收入。三是借地生财共享。龙头企业鼓励掌握种茶技术的贫困户以承包地置换企业已建成茶园，实行农户自主经营、企业统一回收，有效增加了贫困群众的经营性收入。目前，已有 50 户农户领包茶园 300 亩，农户每亩茶园年收入达8800 元。

## 二 产业园区 + 企业 + 贫困户：户户就业增收益

八列村着力发挥产业园区具有的较强的产业整合和集聚带动能力，牢牢抓住产业园区这个就业扶贫阵地，大力实施"产业园区 + 企业 + 贫困户"工程，实现了贫困户"一户一人一就业"。一是充分利用政策支持，吸引企业入驻。《黎平县招商引资奖励办法（试行）》规定："对投资兴办农业产业化龙头企业、高新技术企业、工业企业、旅游业、文化产业的，从用地予以优先保障，在税收上减免支持"，"对企业吸纳贫困群众实现就业一年以上的，按就业贫困人数给予奖励"。在该优惠政策的带动下，八列村成功引入了

2 家优秀企业,为村民提供了充足的就业岗位,这是实现稳定脱贫的重要保障。二是优化企业发展服务。成立村级劳务输出中心,实现企业用工与贫困群众就业的无缝对接。通过大力开展技能培训,免费根据企业用工需求对贫困户开展针对性实训,降低企业培训成本,帮助困难群众就业。积极协调贫困群众到园区、产业扶贫点和公益性岗位上就业,领取工资报酬。三是拓宽产业发展幅度。因地制宜延伸扶贫产业链条,提升产品附加值和体验值,增加就业岗位。如大草原产业扶贫区,打造了集奶牛养殖、牛奶加工、草原观光、品鲜奶、烤全羊、休闲度假为一体的休闲度假区;铁皮石斛种植基地,打造了集加工、道教文化、"神仙洞"观光体验、赏花、休闲度假为一体的现代农业观光体验园。目前,八列村具备劳动能力的贫困群众中,53.9% 通过到产业园区就业实现了脱贫增收。

## 三 工作专班找市场:联结产销增收益

在黎平县政府的组织下,八列村集中专门力量,坚持以产定销,为村民对接市场,给企业和群众双方吃下了"定心丸",推进了小生产连接大市场。一是组建专班。根据八列村的自然条件和产业基础,组建了蔬菜种植销售和绿壳蛋鸡养殖销售等 4 个工作专班,明确工作职责,负责指导生产和对接销售。二是选准产业。统筹考虑群众意愿、比较优势和市场风险,严格按照"村报、镇审、县定"程序,科学谋定扶贫产业。目前,八列村基本形成了以茶叶、优质蔬菜、中药材、生态畜牧等为主导的市场前景好的扶贫产业。三是找准销路。工作专班先后与广州四家大型超市达成蔬菜、绿壳蛋鸡销售合作协议，且在同等价格下，引导学校、社会团体、县内企业优先消费县内生产的生态农产品。有效的产销联结，保证了农民"产不愁销"、市场"以质定产"良性合作机制不断发挥作用。

## 第二节　几点启示

### 一　推进产业扶贫，要抓住股权收益这个根本

八列村通过"两加一推"产业扶贫，建立起了一条从生产到销售的全产业扶贫链条，通过股权把劳动力、土地、资金等要素连接到产业链上，推动"资源变资产、资金变股金、农民变股东"，形成了各方利益共同体抱团发展，实现了多方共赢，有效解决了产业扶贫项目覆盖和项目收益共享的问题。

### 二　推进产业扶贫，要保证小生产连接大市场

八列村坚持把脱贫攻坚"放在心上、扛在肩上、抓在手上"，通过组建工作专班对接市场需求，严格按照"村

报、镇审、县定"程序确定扶贫产业，有效推动了"看得见的手"和"看不见的手"两股力量的较好契合，让小生产一步连上了大市场，保障了扶贫产业的发展收益和贫困群众的生产收益。

## 三 推进产业扶贫，要着力整合资源促进就业

八列村通过充分利用支持政策、建立劳务输出中心、加强就业培训等多点发力、多轮驱动，降低了企业用工成本，畅通了就业信息渠道，实现了贫困户到产业园区企业的稳定就业。

第六章

"一村一园一场"
探索产业扶贫新模式

为深入贯彻落实习近平总书记关于精准扶贫、精准脱贫工作的系列重要讲话精神，按照贵州省黔东南州有关扶贫工作部署，春季攻势以来黎平县聚焦贫困村和贫困户，制定精准脱贫实施方案，设立县级扶贫专项资金1亿元，按照"七个不能脱"的要求精准实施产业扶贫、基础设施扶贫等对贫困户的"十个全覆盖"工作，制定《黎平县精准扶贫脱贫摘帽工作方案》、"1+16"等文件，扎实抓好"春季攻势"、"大比武"和"秋季攻势"，各项工作顺利推进。为更好激发贫困地区的内生发展能力，黎平县以贫困人口为核心，围绕"四场硬仗""七大战役"，着力创新机制，将"扶人"与"扶产业"有机结合，探索出"一村一园一场"的产业扶贫可落地、可见效、可考核、可推广的发展模式，确保"一长两短"产业扶贫覆盖所有贫困户，推动贫困户通过产业发展实现稳定脱贫。八列村也充分发挥了自身优势，在政策支持下，探索出了产业扶贫的新模式。

## 第一节　产业发展现状

2014 年，八列村有建档立卡贫困户 55 户 223 人（占总人口的 42.56%），此后几年，随着扶贫力度不断加大，在各级政府的大力支持下，八列村的贫困户逐渐脱贫。2014 年底脱贫 3 户 9 人、2015 年脱贫 5 户 15 人、2016 年脱贫 9 户 32 人。至 2017 年 11 月，全村还有 38 户 167 人未脱贫，贫困率下降到 31.87%。2017 年以来，八列村紧紧围绕"221111"产业扶贫工程，特别是在秋季攻势中创新实施"一村一园一场"产业扶贫模式，加快发展蔬菜种植及生猪养殖，共涉及种植养殖项目 3 个、惠及贫困户 8 户。新建规模养殖场 2 个，其中，生猪养殖场 11 个，家禽养殖场 1 个，已投入使用养殖场 1 个，在建养殖场 1 个，正在筹备建设 2 个。养殖生猪 105 头，养殖家禽 567 羽，覆盖贫困户 24 次。发展种植园（基地）1 个，已投入使用种植园（基地）1 个，在建种植园（基地）1 个，正在筹备建设种植园（基地）1 个。种植蔬菜 124 亩、中药材 29 亩、茶叶 10 亩、水果 13 亩、花卉 4 亩、食用菌 9 亩、菌棒 1260 棒，覆盖贫困户 10 次。

## 第二节　做法及成效

　　八列村的特色产业扶贫坚持以市场为导向，积极探索形成了以村为基本单位、资源整合、整村推进、连片开发的"一村一园一场"扶贫模式，逐步实现了村有主导产业、户有增收门路的目标。

### 一　因地制宜，合理规划

　　坚持把产业扶贫作为脱贫攻坚的"主攻方向"，按照"1+2+N"（"一长两短加其他产业"）的扶持模式，全力推进"一村一园一场"工程。"一场"即结合农村"三改"工程的实施，八列村建成了规模化的养殖生猪和养殖禽类养殖场，并将群众现有畜禽集中饲养，既发展了产业又有效解决了人畜混居问题。"一园"即根据八列村实际自然和产业条件，建成一个集中连片的种植产业园，包括菜园、果园、药园、苗园等。与种植园、养殖场相对应，八列村规划了四条扶贫产业带，即"花果蔬"高效农业产业带、"果药畜"山地立体产业带、"茶烟畜"产业带、"米畜茶"循环产业带。养殖业以生猪、蛋鸡、肉鸭为主，种植业以精细菜、中草药、花卉苗木、精品水果为主。

## 二 建立机制，加强保障

在黎平县扶贫开发领导小组的指挥下，八列村全面落实"双组长"负责制，明确组长、副组长工作职责，成立了脱贫攻坚指挥部和蔬菜、畜禽、茶叶、中药材、花卉苗木等6个产业扶贫专班，由县四个班子领导牵头、村委会积极配合抓好落实。

## 三 整合资源，倾斜使用

八列村整合财政、扶贫、发改、林业、移民和畜牧等各类资源，集中捆绑、倾斜使用，强力推进产业扶贫进程。整合要素方面，脱贫攻坚以来，八列村累计整合闲置土地109.17亩，重点发展茶叶、蔬菜、中药材等产业。整合资金方面将中央财政扶贫专项资金、县级财政资金、招商引资资金以及其他社会资金投入"一村一园一场"工程建设中，用于扶贫产业发展。

## 四 突出重点，利惠农户

创新农业发展全面推行"龙头企业＋合作社＋农户（贫困户）"产业化经营模式，引导企业领办合作社，支持合作社和贫困户入股企业，打造利益共享、风险共担的利益共同体。结合盘活"三地"、运用"三变"改革模式推进产业扶贫，激发贫困群众内生动力。采取土地入股、劳动力入股、财政扶贫资金折资入股、技能培训等方式稳定拓宽贫困群众增收渠道。如宏盛蔬菜农民专业合作社利用财政扶贫资金入股，每户贫困户享受200棒食用菌分红，每棒收入8元左右，每年生产3批次，累计增收4800余元。同时，村养殖基地和种植基地优先聘用本地劳动力，按每天每人60~100元发放工资，每月人均可增收1500余元，形成了有助于贫困户脱贫的长效机制。

## 五 多方促动，开拓市场

建立农户与市场利益联结机制，构建新型产销体系，解除农户销售顾虑。一是建立八列村合作联社。在八列村原有合作社的基础上，通过引入产业扶贫项目成立了新型规模化、标准化的合作联社，统筹指导合作社开展工作并为贫困户搞好产前、产中和产后服务。合作联社按照市场标准要求，统一对"一村一园一场"种植养殖农产品进行收购，有效破解农户缺技术、缺信息的难题，使贫困农户变"单打独斗"为"抱团发展"。二是冷库建到"家门口"。如前所述，八列村道路基础设施完善，但是离县城较远，交通不是很便利。因此，八列村规划建立一个标准化冷库，着力破解本村和周边乡镇农产品储存难、结构性过剩及流通不畅等问题。三是拓宽销售渠道。通过招商引资活动，八列村与贵阳石板农产品批发市场、双龙农副市场集散中心、县内大中小学、机关单位签订购销协议，进一步拓宽了当地农产品的销售市场，积极推动"山货出山"。四是实施农校对接。通过绿康源营养餐有限公司，加强对接黎平县内8所中小学及13所幼儿园，实现对全县1.8万名师生的农产品供应，实现每日供应蔬菜2吨、猪肉1吨、大米2吨。五是实施农企合作。积极与贵州金晨农产品开发有限公司、贵州黎平咕噜苗乡茶叶种植农民专业合作社等30余家企业合作，主要销售茶叶、黑糯米、红米、糯米酒、土鸡蛋、金钱橘等农特产品20余种。六是实施会展促销。自扶贫攻坚战以来，八列村积极参加各类企业、合作社参与省内外农特产品宣传推荐活动16次，展销金额200万元，签约企业5家，签约金额48万元。七是实施洽谈推荐。八列村积极参加省州组织的农产品对接洽谈3次，参加县内农商、农校、农超洽谈会2次。组织企业赴广州等地对接洽谈1次，达成合作运营企业1家。

## 第三节 对策及建议

八列村在脱贫攻坚中探索出的新发展模式，虽然推进时间尚短，但发展势头强劲、成效显著、前景光明。八列村将继续统筹发展，攻坚克难力争使"一村一园一场"扶贫工程覆盖更多农户且产生更大效益。

## 一　着力抓好扶贫改革

一是围绕扶贫领域配套改革要求，继续抓好农业"三变"改革、农村"三权分置"落实，重点解决好贫困农户与产业发展的利益联结机制。二是围绕扶贫产业规划，抓好项目申报审批，因地制宜编制好产业发展方案，做到扶持一批贫困户、形成一批规模产业。三是围绕四条扶贫产业带，继续抓好基础设施配套建设，逐步完善产业功能，为后续发展拓宽空间。

## 二　着力抓好产加销体系建设

扶持培育一批鲜活农产品流通领域的服务提供主体，参与优质稻交易市场、蔬果批发市场、畜禽交易市场等流通基础设施建设，配套农产品预选分级、检验检测、冷藏物流、产销信息等功能，逐步健全村优质农产品流通领域公司化、规模化、品牌化经营体制。

## 三　着力抓好利益联结

依托特色优势产业，大力扶持和培育新型经营主体，发挥其带动产业发展和吸纳剩余劳动力的作用。进一步推动以农业产业化经营为主体的"企业＋合作社＋基地＋农户"模式和"订单"模式，推广以技术能手、经营能人为主体的"托管代管"模式，以资源为主体的"农村三变"模式，进而形成规模化、集约化、科学化、市场化的现代产业化经营体系，直接或间接带动贫困户脱贫增收。在遵循市场规律的前提下，引导农产品购销、劳动力务工等向贫困户倾斜。

## 四 着力加强督查检查

按照"一村一园一场"要求，对秋季攻势产业扶贫"十个抓"进行定期 / 不定期督查，并对工作落实不力、效果不佳的进行通报，确保各项工作落实并取得成效。

# 第四节 经验启示

产业扶贫是帮助贫困户脱贫的突破口，是确保贫困户脱贫的重要途径，也是确保贫困户脱贫不返贫的最有效方法。"一村一园一场"模式，让不同程度的贫困户合理享受国家给予的扶贫资源，有效破解"产业扶贫到户"难题，这是新时期扶贫开发工作的生动实践。

## 一 政府引导是前提

产业扶贫，实现了可持续扶贫，在国家和社会各方面的必要扶持下，"造血式"扶贫激发贫困户内生动力，让其更好地提升自我发展能力。实施规模发展，构建产业支撑。按照高起点、大手笔、全方位的要求，编制农业优势产业规模发展规划，坚持"一村一园一场"扶贫工程，有利于提高组织化程度，延伸产业链条，形成"产＋销"一条龙体系，为贫困农户脱贫致富构建产业支撑。

## 二　资源整合是关键

产业扶贫是一项系统工程，需要动员多方力量，组织多方资金，集中向贫困村投入，实现社会化是做好产业扶贫工作的关键。县委、县政府把扶贫工作放在新农村建设的大盘子中统筹规划，对资源实行统筹安排、综合调度、捆绑使用、集中投放，最大限度地覆盖贫困户。

## 三　利益联结是桥梁

通过市场经济的手段，用利益联结，充分发挥"一村一园一场"产业扶贫开发工程作用，把贫困农民与扶贫资金有机结合起来，使资源投入和项目实施更有效地服务于民，充分调动了贫困户的积极性，使项目的成功率和实施后的效益明显提高，真正让贫困人口成为扶贫主体，达到扶持一户、脱贫一户、致富一户的扶贫效果。

第七章

"三创四组合"
推出助民增收扶贫产业套餐

实施精准扶贫攻坚战以来，八列村坚持以产业扶贫为打赢脱贫攻坚战的主攻方向之一，突出以创机制、创模式、创平台"三创"为抓手，因地制宜推出"刺梨＋蔬菜""肉畜＋蛋禽""药材＋花卉""民族文化＋民间工艺"的"四组合"扶贫产业套餐，加快农村产业发展进程，有效促进贫困人口持续增收。

## 第一节　主要做法

### 一　"三创"强基础，组织有力、带动有方、营销有道

将主导、带动、营销作为推动产业扶贫的三大保障，着力在政府主导、企业主带、平台主销的基础性体系建设上下功夫，通过创机制、创模式、创平台，有效融合了政、企、民三方资源，形成了合力助推产业扶贫的生动局面。

一是创机制，增强统筹力。黎平县政府成立产业发展工作专班，由分管农业的副县长任组长，农工、发改、财政、扶贫、供销社等部门负责人为副组长，负责统筹规划、督查指导全县农业产业发展，由县农工局抽调57名干部下派到各镇（街道），将下派的农艺师、畜牧师等技术人员配备进入镇级产业专班，协助抓产业扶贫。同时，成立"金信""扶投"2家农业发展投资有限公司（国有独资企业），负责承接实施产业扶贫基金项目。建立项目联动规划审批机制，对产业扶贫项目，由帮扶单位与各村结合村情民意编制产业发展项目规划，提交镇产业专班初审完善后，提交县扶贫领导小组终审批复立项，确保项目编制规划科学。建立财政涉农资金整合工作机制，在保障财政扶贫资金专款专用的前提下，整合涉农项目资金向产业基础薄弱的贫困地区倾斜，用于完善农业基础设施、支持企业和农户发展产业。八列村积极落实和执行产业扶贫专项工作，组织村民学习专业技术，为贫困户脱贫致富打下

产业基础。在财政资金使用方面，八列村本着专款专用、审批监督的原则，有效地利用专项资金解决了村民生产生活中亟待解决的基础设施问题。

二是创模式，增强带动力。借助企业的资金、技术和营销等优势，把龙头企业带动作为扶贫产业发展的关键，根据各地的村情、民情和产业基础，重点实行"企业＋村集体（合作社）＋农户（贫困户）""企业＋农户（贫困户）"等模式，资源、资金、劳动力等要素逐渐由"散而弱"向"合而强"转变，带动贫困户通过土地流转、土地入股和就近务工等方式增加收入。八列村培育和引进产业扶贫龙头——贵龙中药材科技有限公司、"丰盛"养殖场等企业，在扶贫工作中树立了"企业＋"产业扶贫模式的典型。

三是创平台，增强生命力。创建网上电商销售平台，以县级电子商务运营服务中心为核心，八列村成立了服务点，农特产品线上销售实现县、镇、村三级全覆盖。着力打造"云起龙驿"农特产品销售服务品牌，现有3个产品进入该品牌营销渠道。截至目前，全村通过电商平台销售农特产品达35万元。创建乡村实体销售平台，以贵州双龙农副产品批发市场、省直机关食堂、县城农贸市场、各中小学和园区企业作为需求端，直接将农副产品订单下单到村、到农户，实现农特产品"村—城"供需直通对接。2016年以来，八列村创建育种育苗便民平台，围绕既定发展的刺梨、辣椒、生猪等主导产业，把育苗中心（基地）建在村组，有效解决了外购成本高、运输难等问题。

## 二 "四组合"强产业,扶出规模、扶出特色、扶出效果

八列村根据自身资源禀赋,落实扶贫产业规划,把可利用的资源加快转化为助民增收产业,最大化提高资源利用效率,辐射带动贫困户增收脱贫。

### 1. "刺梨+蔬菜"组合,打造脱贫果蔬产业

把刺梨和蔬菜作为扶贫主产业,努力做好以商带产、以销促产,不断壮大产业规模,2017年,刺梨种植辐射70%以上的贫困户,实行"以短养长"的套种模式,做到"挂果前卖菜""挂果后卖果",使每亩刺梨地"+"出了2000~3000元的额外收入,形成了全村覆盖最广、带动力最强的扶贫产业支撑。抓住深加工环节拓展刺梨产业链,以深加工带销售、以销售带规模,引进恒力源天然生物有限公司作为刺梨深加工企业,与农户签订年收购刺梨鲜果合同,以1.8元/斤保护价进行收购,解决了农户"愁卖"和"卖不起价"的问题,带动刺梨种植面积扩大,并在未来五年内逐步形成规模效应。这种"农工结合、产销一体"的发展模式,也使刺梨的品牌效益得到提升。除刺梨以外,八列村把引企进村、引商入园作为增强蔬菜扶贫产业生命力的关键,采取"企业+村集体+农户""经销商+农户"的模式,带动一北一南两大片区种植蔬菜,带动贫困户以土地流转、劳动务工等方式增加收入。程熙辣椒加工厂以"包育种供苗、包技术指导、包保底收购"的"三包"方式与八列村达成辣椒种植协议订单,带动73户(贫困户32户)农户种

植辣椒，以 1.2 元/斤的价格保底收购，每户每亩辣椒可收入 3000~4000 元，并以每斤 0.1 元比例提成奖金给村集体，既增加了农户收入，又壮大了村集体经济。此外，还有蔬菜经销商流转土地常年种植豌豆尖、茄子、大葱、西兰花、茭白、西红柿、棒豆等蔬菜，带动周边群众以土地流转、务工等渠道增加收入。

2. "肉畜＋蛋禽"组合，打造脱贫养殖产业

八列村注重扶贫资金投向和贫困户参与模式，遵循"易养则自养、难养则企养"的原则，按照"散养散销、散养统销、统养统销"的产销模式，重点发展以生猪、肉牛、绿壳蛋鸡为主的"肉畜＋蛋禽"养殖产业。2016年以来，全村投入养殖扶贫专项资金 19.65 万元，培育生猪养殖企业 2 个，落实绿壳蛋鸡养殖 1 万羽，带动全村60 余户贫困户通过养殖业增加收入。比如，采取"养殖场供仔猪、贫困户养肥猪"和"自销＋统销"的模式，将项目资金投放到丰盛养殖场，由养殖场负责繁殖仔猪提供给贫困户自行饲养，并全程提供疾病防治服务，生猪出栏后，贫困户可自行销售，也可由企业按照市场价统一回购销售。目前，在丰盛养殖场的带动下，八列村 22户贫困户养殖生猪 45 头，按当前的市场价预算，出栏后户均增收可达 1800 元以上。八列村还采取"村委会代养＋农户散养"的模式，养殖肉牛、生猪和能繁母猪，带动 37 户贫困户增收。对于村委会代养的项目，采取 6∶4（村委会占六成，贫困户占四成）分成模式进行收益分配，实现村、民互利共赢。对绿壳蛋鸡饲养等技术要求

相对较高的产业，八列村将项目资金以农户名义入股到企业，由企业代养代售，按照企业、农户9：1比例进行分红，使项目资金成为农业企业发展壮大的扶持金、贫困群众持续增收的股本金、扶贫产业持续发展的滚动金。以2017年执行的项目为例，八列村将9万元绿壳蛋鸡项目资金入股到金信农业发展公司，由该公司按照项目性质、项目标准负责代养代售，预计此项目每年可产900只鸡苗用于滚动发展，可向项目村17户贫困户提供分红金1.4万元，户均达到821元。

3. "药材+花卉"组合，打造脱贫康美产业

基于青壮年外出务工人口多、八列村集中连片规模化蔬菜种植条件相对较弱的现实，八列村推出"药材+花卉"一年种多年采的"懒汉"产业。为便于留守的老人妇女在家门口务工创收，以"百企帮百村"为契机，促成贵龙中药材科技有限公司把原材料基地和初加工设备搬到村里，并免费提供化肥和技术指导，发动群众种植芍药、牡丹、玫瑰、菊花等药材花卉40余亩，覆盖农户15户，其中贫困户5户，使贫困户在家门口就可以现采现卖，每亩药材每年保底收入达到3000元。除此之外，为鼓励群众管理好药材提高产量，企业还根据每户管理的情况给予每月200~500元不等的劳动奖励。同时，依托花海药田引蜂入村，相继落实55箱蜜蜂养殖项目。目前部分早期项目已见效益，2016年引进的33箱蜜蜂，一箱蜜蜂均产蜂蜜30斤，每斤市场价卖到150元，让药材和花卉又"+"出了100多万元的产值。由于八列村的土地、气候、交通条

件适宜发展药材花卉产业，尽管没有寻找到合适的企业接手带动，八列村通过项目扶持集体育产、金融扶持青年创业等方式，走出了"村集体带全部""能人带弱户"的扶贫之路。2016年，以70万元扶贫项目资金作为发展基金，由村集体以800元/亩的价格向农户流转土地建设了38个大棚种植20亩非洲菊，按照7：2：1（70%分给贫困户，20%作为发展滚动金，10%作为村集体管理储备金）的分红模式进行收益分配。目前，该产业盈利已超过30万元，第一轮分红全村54户贫困户户均获得分红金1300多元。如通过创业贷款扶持退伍军人发展刺梨套种金丝黄菊、小菊花、玫瑰、芍药、牡丹等药材花卉12亩，直接带动十余名群众务工创收，间接带动周边农户（贫困户）上门"取经"，形成产业"传帮带"局面。

4. "民族文化＋民间工艺"组合，打造脱贫工艺产业

把文化变为产业、让工艺变为商品也是八列村产业扶贫的一大特色，近年来，在产业扶贫方面，八列村着力挖掘民族文化和民间工艺，把零散资源进行组合利用，采取村集体带办企业，民间艺人带创协会，党支部带办产业等方式，走出了一条"一根一画一绣"产业扶贫新路。1985年至今，当地村民从事"根雕"已有超过30年的历史，从最初几户人家一年雕几个"小玩意"卖点零用钱到逐步带动全村几十户村民"雕"出富裕生活，在当地形成一种特有工艺文化。2016年1月，八列村以"扶贫资金＋民间资本"的模式，引导4家根雕大户组织起来，合股投资20万元注册成立贵州艺合民族工艺发展有

限公司，并建立起技能帮扶培训机制，把贫困户带上车间跟班学技能，先后把17名贫困群众带成了该企业的技术工，月工资收入达到3000元以上，另有5户贫困户学到技术后开起了加工坊。据不完全统计，整个根雕产业直接和间接带动全村十余户贫困户通过采料、加工、运输等方式增加收入，目前，该企业根雕工艺产品蜚声省内外，远销陕西、云南、广东、上海等多个省市。当地苗族群众历来有用图案描述苗家生产、生活的习惯，"苗画"被业内人士誉为东方的"马蒂斯"和"毕加索"。为了让"苗画"产生扶贫效用，八列村采取部门帮、能人带的方式，扶持民间艺人组织村民成立农民画创作协会，把贫困户吸纳进协会"作画"创收，并将"苗画"搬上电商平台销售。目前，农民画协会会员人数已达到十多人，其中五成以上是贫困户，每年可创作300多幅作品，销售额突破5万元。

## 第二节　取得成效

### 一　农村资源有效释放

通过系列扶贫产业项目覆盖，特别是通过企业带、大户带、成规模的产业发展，有效盘活了农村的闲置土地资源和荒废的村级资产。自实施产业扶贫以来，全村新增了大量流转土地，带动农村群众复耕土地，使大量闲置土地重新产生经济效益。同时，通过种养产业企业入驻和能人创业、大户创业，荒置的老学校、老仓库、老办公用房等变成生产厂房、加工车间、工作基地，固定资产得到有效利用，增加了村集体收益。

## 二 农业经济活力增强

龙头企业带动、村集体靠前服务、农户参与发展的多种模式，使企业的资源、资金向农村集聚，村级组织和党员干部抓发展的意识进一步增强，农户的土地经营理念和农业发展观念正在逐步改进，推动了农业产业向组织化、规模化、集约化、精细化方向发展，特别是龙头企业带动和销售平台建设，产销结合、以产定销、以销促产的体系不断完善，农业经济发展活力明显增强，农村群众特别是贫困户受到整个发展环境的影响，增收信心、增收动力进一步提升。

## 三 农民收入持续增长

通过近年来瞄准市场、立足资源引资引企大抓产业扶贫的积极探索，农村、农业产业发展的方向已经找准、思路变得清晰、模式逐渐成熟，资源优势正在转化为经济优势，这当中，农村群众在新的模式下和利益链接机制中，通过土地流转、入股分红、参与务工等方式，既最大化降低了自种自养的风险，又保证了持续稳定增收。

## 第三节　经验启示

### 一　创新机制是根本

在多年来扶贫开发惠民政策的实施下，自身动力强、发展条件好的贫困群众都已经走出了困境，剩余的都是贫中之贫、困中之困、难中之难，没有超常之举、非常之策难达目标。黎平县坚持把"夯实基层基础、深化改革创新"作为打赢脱贫攻坚战的主基调，在指挥体系、工作机制方面下功夫，形成了县设总部统筹全局、镇设战区具体组织、村设战队蹲点作战、寨设班组攻坚突击的四级联动机制，并针对基础设施建设、就业、产业等各块专项工作，成立由相关职能部门组成的工作专班，专司主营具体工作，确保了责任层层下压，工作对口对路，实现高效运转的目标。针对产业扶贫，还建立了项目联动规划审批机制、资金整合机制，有效增强了项目规划、资金使用的精准性。

## 二　因地制宜是关键

产业扶贫对于促进地区经济发展和贫困群众增收有重要的作用，但是各村实际情况均不一样，只有因地制宜，通过深入调研、广泛征求群众意见和充分的论证，才能选准符合当地实际的产业项目，确保脱贫效果的可持续性。八列村在产业扶贫中，坚决杜绝"霸王硬上弓"的强制行为，采取一看市场需求、二看当地资源、三看基础条件、四看群众意愿、五看发展模式的"五看法"规划产业、落实产业，最大化做到了因地制宜、因村施策，呈现了企业带得动、群众乐意干的局面。

## 三　利益链接是保障

贫困户、村集体与企业联产联业、联股联心同体发展是扶贫产业的生命力所在，实现这种局面必须要解决好利益分配的问题，既要把大家捆绑在一起，又要算清楚各自的账，才能调动各方的积极性，实现良性互动、合作共赢。八列村在以企业带动为前提的多种发展模式中，根据不同的产业类别，建立了与之相适应的利益链接机制，基本形成企业主导投资，负责销售，利占大头；村组织动员群众，协调服务，凭绩提成；贫困户以土地和扶贫项目入股、劳动力务工，保底分红、以劳获薪的利益格局，使各方"责"与"利"基本对等，既避免了产业空心化、项目虚构化，又最大化地保障了贫困户在低风险的情况下有持续稳定的收入。

## 四 群众参与是核心

贫困群众既是脱贫的对象，更是脱贫的主体，贫困群众的积极参与才是扶贫的治本之策和长久之计，只有千方百计调动贫困群众积极性，才能确保发展的持续性、脱贫的稳定性。八列村在发展产业扶贫过程中，正确处理好"授人以鱼"与"授人以渔"的关系，树立了"帮扶不是馈赠，凭勤劳创造收入"的扶贫导向，使更多的贫困户逐渐改变了"等、靠、要"的思想，主动参与产业发展，部分贫困户还学到了一技之长，为脱贫和防止返贫奠定了坚实的基础。

第八章

"五精准"
推动产业扶贫提质增效

为决战脱贫攻坚、决胜同步小康，八列村坚持精准扶贫、精准脱贫方略，充分发挥产业引领作用，通过"五精准"推动产业扶贫提质增效。

## 第一节　做法和成效

八列村把农业发展与产业扶贫有机结合起来，围绕"户户有增收项目、人人有脱贫门路"的目标，坚持强龙头、创品牌、带农户，打好点面兼顾、长短结合、大小并举的产业扶贫"组合拳"，采取"五精准"措施，推动产业扶贫提质增效。

## 一 精准确定扶贫产业

坚持长短结合、以短养长、稳定脱贫、持续发展的原则，按照"一村一品、一户一策"的工作思路，谋划有市场前景、贫困户参与度高、受益面大的特色优势产业。确定以精品水果、桑蚕、生态牛、瑶山鸡"两长两短"特色优势产业，作为脱贫攻坚产业发展的主攻方向，明确了三年脱贫攻坚的目标任务。同时，突出长短结合、大小并举的产业发展方式，因地制宜发展优质稻米、蔬菜、茶叶、食用菌、中药材、马铃薯、瑶麓小花生、冷水鱼等特色产业。全村已形成"5+7"（精品水果、生态牛、茶叶、中药材、冷水鱼＋桑蚕、瑶山鸡、优质稻米、蔬菜、食用菌、马铃薯、瑶麓小花生）长短结合、大小并举的 12 个扶贫产业同步发展的总体格局，12 个扶贫产业共覆盖贫困户 65 户 127 人，实现了贫困户扶贫产业全覆盖。

## 二 精准提供技术服务

八列村把产业基地作为农业科技的"孵化器"和"转化区"，在黎平县委、县政府的组织下，相继邀请农业部、贵州大学、省农委、省桑研所、省农科院等的十余名专家来八列村，对粮油、桑蚕、果蔬、畜禽等产业开展技术咨询指导服务，为脱贫攻坚产业发展提供坚实的科技支撑。同时，由县委组织部牵头，从脱贫攻坚领导小组成员单位选派 12 名精干力量组建专家服务队，深入八列村进行综合"会诊"贫困根源，提供产业发展、规划实施、技术攻关等方面的决策咨询，对已实施的农业脱贫产业，加强技术指导，帮助解决生产难题，指导八列村开展良种、良法、良治，加速农业科技成果转化应用，为八列村产业发展插上"翅膀"，确保产业快发展、可持续、能见效。专家服务队根据八列村产业发展实际和扶贫项目实施情况，有计划、有针对性地组织开展扶贫优惠政策宣讲和各类技术培训，让贫困户了解国家各项强农惠农富农政策，实实在在掌握 1~2 项农业实用技能，为扶贫项目的实施提供技术保障，为提速产业扶贫增添动力。

## 三 精准安排项目实施

坚持项目为产业发展服务、产业为脱贫增收奠基的思路，把八列村作为项目实施的主战场，精准安排产业扶贫项目，为产业发展奠定基础。八列村编制桑蚕等相关主导产业项目方案，积极组织申报产业扶贫子基金。目前，桑蚕全产业链项目第一期已获得审批。针对贫困户无力实施项目的情况，八列村村委统一实施，建好基地后交给贫困户分户管理，或请贫困户到基地务工，确保户户有增收渠道。

## 四　精准培育经营主体

积极培育、引进和鼓励农业龙头企业等新型经营主体，采取"企业＋基地＋农户"、"公司＋基地＋农户"或"专业合作组织＋市场＋农户"等模式，支持贫困农户发展优势特色种养业，形成"县有龙头企业、村有主导产业、户有增收主业"的长效增收机制。截至2017年11月，全村贫困村集体经济收入总额达49.55万元，比2016年增长23.33%。贫困户参加村集体经济组织比例达到15.93%。

## 五　精准开拓品牌创建

依托资源优势，大力实施品牌战略，着力打造瑶山鸡、佳荣生态牛、黎平蜜柚、黎平枇杷、百香果、蓝莓、葡萄、哈密瓜、青梅、铁皮石斛、甲良线椒、黎平水蕨菜、瑶麓小花生等地方特色优势品牌，加大"黎平蜜柚""瑶山鸡"等地理标识证明商标的宣传力度。同时，积极申报名优产品地理标识，通过提供政策支持、加大投资力度、加强市场运作等途径，挖掘品牌的文化内涵，培育出精品农业产品品牌，不断提高黎平特色优势农产品的市场占有率。围绕农业供给侧改革，突出农产品质量建设、品牌建设、市场建设，农业"泉涌"工程初显成效。有效带动八列村贫困户脱贫。

## 第二节　经验启示

### 一　资金投入是基础

加大财政金融支持力度，整合各类农业项目和财政涉农资金投入扶贫产业，规划好扶贫产业子基金项目申报、审批和落地实施，建立产业扶贫担保体系，补齐电力、水利、通信等基础设施建设短板，加大产业示范基地建设、农业经营主体培育、"三品一标"认证等方面的扶持力度。只有加大资金投入，筑牢扶贫产业发展的基础，才能带动更多的农业经营主体参与产业扶贫，确保产业扶贫项目尽快落地实施，促进扶贫产业不断发展壮大，辐射带动更多的贫困群众。

### 二　技术到位是关键

围绕产业扶贫主导产业发展和现代高效农业示范园区建设的实际需要，探索建立"科研院校＋示范基地＋农技推广体系＋新型经营主体"的成果转化模式，完善以"农技人员包村联户"为主要形式的工作机制和"专家＋农业技术人员＋科技示范户＋辐射带动贫困户"的技术服务模式，建立健全村农业科技试验示范基地网络，推进农业科技进村入户。只有技术指导和服务到位，才能确保产业扶贫项目实施成功、发挥效益，让贫困群众持续发展、稳定脱贫。

## 三　激发动力是根本

加强政策宣传和技能培训，引导贫困户科学生产、科学管理，帮助贫困户就业和发展产业，实现由"输血式"扶贫到"造血式"扶贫的转变。只有激发贫困户的内生动力，充分调动他们的积极性、主动性和创造性，才是引领贫困户早日脱贫致富的根本途径。

第九章

"四招"促绿壳蛋鸡遍地开花

绿壳鸡蛋是国家地理标识保护产品、贵州省重点品牌，被誉为"鸡蛋中的人参"；绿壳蛋鸡养殖具有群众基础好、市场空间大、产出效益高的优势，近年来，八列村通过"投资驱动、基地推动、机制带动、管理联动"四招促进了绿壳蛋鸡产业遍地开花。绿壳蛋鸡养殖已成为八列村脱贫攻坚中"可操作性最强、造血性能最佳、生产周期最短、脱贫效果最好"的支柱产业。

## 第一节　"两只手"撬动多元投资

坚持市场主导、政府引导，发挥好政府和市场"两只手"的作用。一方面，发挥市场主导作用。国家级扶贫开发龙头企业广东天农食品有限公司，在深入调研分析了黎平绿壳蛋鸡的产品优势和市场前景后，投资5亿元建设黎平绿壳蛋鸡全产业链项目，成为引领黎平绿壳蛋鸡产业发展的重点龙头企业。另一方面，发挥政府引导作用。政府整合资金投资成立三原公司，累计投入1.24亿元，申请扶贫产业子基金2.85亿元，总投资4.09亿元建设黎平绿壳蛋鸡养殖培训基地项目。重点解决社会资本不愿意投、农户投不起的绿壳蛋鸡养殖基础设施，并为规模2000羽以上的养殖企业（合作社）和200羽以上的养殖户全部购买养殖保险，解决企业（合作社）和群众的后顾之忧，推动绿壳蛋鸡产业发展壮大。八列村积极推动村民与企业合作，充分利用企业的资金和技术优势，通过发展绿壳蛋鸡养殖带动贫困户脱贫。

## 第二节　基地推动养殖业发展

八列村依托龙头企业，结合全产业链产供销各环节需要，在八列村建设一个绿壳蛋鸡养殖培训孵化基地，基地内设 50 个鸡舍，采取以养代训的方式，让入驻基地的贫困户养殖 1~2 个批次的绿壳蛋鸡，既累积发展资金，又学习养殖技能。同时建设村级绿壳蛋鸡小单元养殖基地。计划在两年内建设绿壳蛋鸡标准化小单元圈舍 540 个，通过政府补贴，将小单元圈舍无偿提供给有技术、想发展的贫困户使用。

## 第三节 "四机制"扣紧利益联结

一是龙头企业带动机制。鼓励贫困户使用"特惠贷"5 万元资金入股天农公司，第一年按入股资金的 10%、第二和第三年按入股资金的 8% 分红给贫困户，三年后公司代贫困户偿还本金；选拔有养殖经验的农户到公司务工，通过以养代训的方式，每年可培训养殖能手 500 人，每人可实现年工资收入 2.4 万元，对持续工作 1 年以上的贫困人口，按 1 万元标准进行绩效考核补助。二是孵化基地代养机制。基地与天农公司签订代养协议，八列村组织 10 户贫困户入驻孵化基地代养，每年可培育 70 名贫困户为养殖能手，贫困户每月获得 2000 元的基本劳务费，有效助推贫困户脱贫。三是小单元过渡机制。针对学到养殖技能并退出养殖基地，但资金不足、建设圈舍难的贫困户，无偿提供小单元圈舍，待贫困户脱贫后，以租赁圈舍的方式继续使用，7 年后小单元圈舍产权归农户所有。四是合作社带动机制。针对广大一般养殖农户，设立专门扶持资金，鼓励由有技术、有基础的养殖大户带动成立专业合作社，由合作社统一提供鸡苗，养殖户按每户200羽左右进行生态散养，合作社以鸡15元/斤、蛋1.5元/枚的保底价进行回收。通过"龙头带动—基地孵化—小单元过渡—合作社发展"的机制，提升绿壳蛋鸡产业发展的组织化程度，有效助力贫困人口脱贫。

## 第四节 "五统一"促进联动发展

针对绿壳蛋鸡的品牌、技术、销售等问题，采取"公司＋示范养殖场（基地）＋贫困户"的模式，依托龙头企业丰富的管理经验、成熟的技术体系和畅通的销售渠道，按照统一提供种苗、统一提供饲料、统一提供疫苗药品、统一技术服务、统一市场销售"五统一"的管理方式，有效促进绿壳蛋鸡产业联动发展。通过实行"五统一"，一是保障了种苗纯度，解决了因品种混杂和退化造成的死亡率高、产蛋率低和色泽不纯的问题；二是实现了生产流程规范化，解决了因饲养要求不一致导致的饲养周期长、饲养成本高和用药不规范的问题；三是确保了产量和质量，解决了因技术标准不统一造成的产量时高时低、质量参差不齐的问题；四是强化了品牌建设，在完成"三品一标"

认证的基础上，统一检测和包装，解决了绿壳蛋鸡产品有名气无名牌的问题；五是规范了销售渠道，解决了渠道混乱、恶性竞争、抗市场风险能力弱的问题。目前在与天农公司合作的天农优品、淘乡甜、淘宝等 6 家电商平台销售鸡蛋及蛋鸡，800 家天农社区商店对绿壳蛋鸡及绿壳鸡蛋进行直销，实现了销售渠道规范化、多元化，为绿壳蛋鸡打响品牌、走向更大市场奠定了基础。

第十章

"五大产业"
点亮脱贫攻坚产业路

近年来，八列村主动作为，积极抢抓国家大脱贫战略历史机遇，乘势而上，以产业促脱贫为路径，以黄桃、福猪、蔬菜、百香果、茶叶五大脱贫产业为支撑，通过因地制宜选产业、支部引导带产业、人尽其才强产业、引领带动扩产业，不断将产业脱贫推向纵深，以产业促脱贫成效日益明显。通过产业扶贫，该村贫困人口发生率从 37.2%降至 19.68%。

## 第一节　主要做法

### 一　因地制宜，合理发展脱贫产业

八列村结合本区域地理条件和气候情况，因地制宜进行产业布局，将黄桃、福猪、百香果、茶叶、蔬菜五大产业作为脱贫重点产业，并将五大脱贫产业合理分布于全村。如黄桃种植为粗放发展且无污染产业，在保障集中规模种植的情况下，可适当进行分散种植；而福猪养殖具有一定污染性，选址则主要安排在远离水源地和村寨处，防止水体污染和空气污染；百香果、茶叶、蔬菜产业对土壤要求较高，则主要分布在土壤优质的区域。

### 二　支部引导，参与产业发展全过程

为坚决打赢脱贫攻坚战，该村配优配强村两委班子，选派号召能力强、实干苦干的村第一书记和驻村工作团队入村指导群众开展产业脱贫工作，把支部和产业发展建在一起。通过支部引领，因地制宜，不断整合资源，盘活闲置土地发展产业，发动党员和群众代表先行先试，带领群众通过"公司＋党支部＋合作社＋农户"的发展模式，不断发挥村两委参与产业脱贫的有效性，不仅激发群众参与产业发展的积极性，还让贫困群众增收有保障。为解决贫困群众发展五大产业技术短缺的问题，村党支

部积极与村农业服务中心对接，分批次邀请村农技师到产业点进行实地技术培训，农户产业发展技术得到有效提升。

## 三　人尽其才，充分发挥专业人才作用

脱贫产业面广、量大，技术问题始终是制约脱贫产业发展的一大瓶颈。为解决这一难题，该村选派一批农业技术人员担任包村干部和驻村干部，为各村农业产业发展做好保障。比如，华阳村有发展蔬菜产业的意愿，加之农户有多年种植蔬菜的习惯，为发展壮大蔬菜产业，该村农技中心高级农艺师潘志强同志为华阳村的行政包村干部，为村产业发展出谋划策、提供技术指导，目前该村发展蔬菜种植50余亩，其中有连片蔬菜20亩示范基地1个。

## 四　优化模式，五大产业助力脱贫

一是做实黄桃产业。以"公司＋合作社＋农户"的运行模式，由公司提供种苗及种植管理技术，合作社组织农户实施（包括物资发放、监督管理等环节），农户提供土地和劳动力，桃果产出以后由公司按照保底价收购，让社会资本进入产业，让农村劳动力流向产业，让公司保底收购保障农户收益。

二是做大福猪产业。该产业采取"公司＋合作社或村

集体经济＋贫困户"的模式运行。由政府先期投资建设规范化养殖场，再出租部分养殖场作为公司种猪场，贫困群众通过合作社平台，参与福猪养殖，可以选择劳动力折股或资金折股参与投资，最后以工筹或入股分红形式作为贫困户收益。

三是做优蔬菜产业。结合该村地理区位优势，实行蔬菜多元化种植，同时，根据蔬菜发展周期短、面广量大的特点，逐步优化蔬菜销售渠道网络，以"校农合作""企农合作"等模式有效解决蔬菜销路问题。比如，与黔南州职业技术学校签订合作协议，采取订单农业，有效保障菜农收益。

四是做特百香果产业。百香果产区主要集中在广州、海南沿海一带，可直接口食，也可作为饮料原料，该产业见效快、收益高。而该村在地理环境和气候环境上完全符合该水果种植要求，经在该村引进试种，不仅试种取得成功且果子质量高于主产地。目前，该村预计建设示范点1个，总面积235亩，待投产后，百香果产业将作为全县农产品深加工的重点产业。

五是做美茶产业。以茶产业发展为突破点，不断探索"农旅"发展新模式。通过以该村的奇山丽水资源为依托，在该村进行茶叶产业重点谋划，将山水特色风光与茶产业特有的产业风光进行有机融合，打造该村"农旅一体化"样板，做最美三都茶。目前，全村茶叶种植面积达到300余亩，相关产业公司已经进驻。

## 第二节 取得成效

### 一 黄桃产业

2017 年黄桃产业已覆盖贫困群众 52.6%，待盛产后，户均年增收达 14000 元，可以带动 4 口之家脱贫。

### 二 福猪产业

2017 年全村共开工建设 50 头规模香、福猪养殖小区 2 个，已开工 1 个，另 1 个已完工，达到进猪养殖条件；完成 2 个 50 头规模场改造，已出栏生猪 100 头，目前全村已出栏香、福猪 350 头。场地租金为每年 15 万元，租金用于红星村贫困户分红，计划带动贫困户 20 户，每户分红 2000 元，可解决 9 名贫困户人员就业，村可获得 5 万元的集体经济收入。

### 三 蔬菜产业

2017 年秋冬蔬菜完成 45 亩，其中豌豆尖 2 亩、大蒜 43 亩，实现人均增收 800 余元，完成 20 亩示范点 1 个。

## 四  百香果产业

截至 2017 年底，全村共建设示范点 11 个，总面积 23 亩，已完成宣传动员统计等前期准备，预计带动贫困户 5 户以上，实现户均增收 4000 元。

## 五  茶叶产业

2017 年全村茶叶种植面积达到 30 余亩，通过"公司 + 农户"运作模式，以扶贫资金入股公司分红，带动贫困户 8 户，茶园带动当地群众就业 20 余人，其中贫困户 30 人以上，实现户均增收 1300 余元。

# 第三节  经验启示

## 一  发展产业，支部引领是关键

村党支部是脱贫攻坚的最前线指挥部，没有强有力的党支部领导，就难以打赢脱贫攻坚战。该村充分发挥村党支部引领作用，将党支部工作贯穿于整个产业链之中，不仅有效动员群众参与脱贫产业发展，还有利于群众技能培训和产品营销。因此，发展产业要善用村党支部这个阵地，通过这一阵地发动群众参与产业发展、提升产业技能等，为村产业落地、发展筑牢第一防线。

## 二 做强产业，人才资源是核心

产业发展没有专业化，就没有规范化和规模化。该村在发展产业过程中，充分发挥专业技术人才的核心作用，在3个行政包村干部中，有2人属于农业专业技术岗，占总数的66.67%，有效地将专业技术人才下沉到产业一线，通过技术带动，逐步提高产业质量，推动产业的规范化和规模化发展。实践证明，人才技术支撑是产业发展的核心要素，要不断将人才发展融入产业发展，以人才资源的投入助推产业发展。

## 三 做实产业，立足群众是根本

地方产业发展，要充分听取群众心声、做好群众思想工作，只有获得群众的信任，产业发展才不会"一家独奏"。该村在推行五大产业发展之初，要求各包村干部、第一书记、贫困户包保责任人深入村组户进行产业发展意愿征求意见，并结合市场需求等因素，合理进行产业布局，最终得到群众的积极响应。因此，要把产业做实，做出成效，首先要考虑群众参与意愿，立足群众这一根本，让群众变被动为主动。

附 录

## 附录一 黎平县扶贫工作总结及展望

2017 年，黎平县认真贯彻落实习近平总书记关于扶贫开发系列讲话精神和省委省政府、州委州政府的安排部署，围绕目标，积极履职，按照"完善脱贫攻坚机制、压实脱贫攻坚责任、强化精准扶贫管理、提高扶贫开发成效"的工作思路，狠抓落实、强化督导、协调服务，使各项工作有序推进。

## 一 主要目标任务完成情况

### （一）贫困人口减少顺利完成

2017 年，通过层层分解任务，压实责任，黎平县完成目标任务的 136.13%，贫困发生率从上年的 12.79% 降至 8.85%，下降 3.94 个百分点。

### （二）贫困人口识别更加精准

按照贫困户退出"两公示一公告"的程序，扎实开展贫困人口实行贫困户信息动态管理。同时，围绕定性与定量、内业筛查与外业程序相结合，落实贫困人口退出背书制度，坚持贫困退出的"公示、公告"制度，确保了退出的准确率和真扶贫、真脱贫。

### （三）贫困帮扶扎实有效

驻村干部或第一书记到贫困村开展脱贫攻坚、同步小康驻村帮扶工作。同时，按照"五主""五包"的要求，落实"一次包保、分年帮扶、以县为主，不脱贫不脱钩"的帮扶责任制，帮助贫困村、贫困户制订脱贫计划 100%、落实帮扶措施 100%、建立帮扶台账 100%，实现了贫困村、贫困户干部帮扶全覆盖。

## 二 主要工作措施及成效

### （一）抓机制压责任

一是先后代拟了《2017 年脱贫攻坚春季攻势行动方案》《脱贫攻坚"大比武"工作方案》《关于开展 2017 年脱贫攻坚秋季攻势行动督导工作通知》《关于推进一类贫困乡（镇）脱贫攻坚的实施意见》等文件，为政府顶层设计、科学决策，完善脱贫攻坚政策体系，提供了参考建议。

二是起草了《黎平扶贫开发 2017 年工作要点》，将年度脱贫目标分解落实到"五个一批""八个不能脱"有关部门，并逐级立下军令状，共签订责任书 150 份，同时拟定《乡镇脱贫攻坚工作考核办法》《脱贫攻坚考核办法》《脱贫攻坚问责实施细则（试行）》，形成了横向到边、纵向到底的责任体系。

三是积极推进"四级联动"脱贫攻坚指挥体系建设，

从县（市）"五个一批"等部门抽调 10 名年轻干部脱产集中办公，组建脱贫攻坚指挥部，专门负责统筹、协调，推进全州脱贫攻坚工作。

（二）抓识别重精准

一是按照"两公示一公告"程序，推行贫困户"明白卡"建设，结合"两不愁三保障""四看法""八个不能脱"等定性与定量指标要求，组织指导开展干部"大回访"、对贫困户识别进行拉网式排查，着力提高"两率一度"。

二是组织开展对 2014 年、2015 年、2016 年已经脱贫人口帮扶措施再核实，确保脱贫人口持续增收；对 2017 年拟脱贫对象逐村逐户进行调查摸底，逐项对标、逐村逐户制定帮扶方案，确保因村、因户、因人精准施策。

三是争取州级出资 205.2 万元，聘请贵师大第三方评估团队对 6 个县开展模拟评估工作，对 13 个县（市、区）开展数据筛查，为年终如期实现目标任务奠定基础。

四是扎实开展查缺补漏工作，将符合现行国家标准的农村贫困人口全部纳入建档立卡，确保有错必纠、应纳尽纳。

（三）抓产业项目稳增收

一是与农委联合出台《产业扶贫指导意见》，指导全县大力发展茶叶、刺梨、蔬果、中药材、生态畜牧等主导产业，安排财政专项扶贫资金（发展资金）项目 22 个，项目总资金 872.39 万元，项目覆盖贫困户比例达到 88.89%。

二是产业利益联结机制不断健全。按照"龙头企业＋

贫困户、企业 + 合作社 + 贫困户"等多种经营模式，着力菜、菌、茶、禽四大重点扶贫产业全产业链发展，全县开展土地确权工作的乡镇占比 88.57%，带动贫困户共同发展、共同致富。

（四）抓深度贫困地区脱贫

一是坚持把"三山一区"（即"麻山""瑶山""月亮山"，人口较少民族地区）作为帮扶指导的重点，9 次组织力量深入极贫乡镇，开展精准指导，与县、乡一起查问题、找贫因，制定脱贫措施，开展调度指导，着力解决贫困乡镇脱贫规划、脱贫路径选择和项目投入问题，确保啃下"硬骨头"。

二是代拟了《推进深度贫困地区脱贫攻坚责任分解工作方案》《深度贫困地区脱贫工作责任包保方案》，全县配套制定 23 个推进深度贫困地区脱贫攻坚工作实施方案，落实了县级领导包村、镇级领导包组，对一类贫困镇（乡）、深度贫困村由所属县（市）采取县级领导包村的方式制定包保责任方案。

三是以县扶贫开发领导小组下发了《关于抓紧组建产业扶贫投资开发有限公司的通知》，对原有资源进行整合，专攻产业扶贫，切实增强企业带动贫困地区贫困群众的发展能力。同时，紧紧抓住国家加大脱贫攻坚支持力度和省、州推进产业扶贫基金的机遇，谋划、完善扶贫项目，储备一批重大项目，积极争取项目和扶贫基金支持。

## （五）抓督查严考评

一是加大调度督查力度。按照开展一月一调度、一月一通报、一季一督查的要求，共开展工作调度 12 次，下发工作进度 12 期、编发脱贫攻坚专报 50 余期。同时，县扶贫领导小组召开了 7 次专题会议，听取脱贫攻坚工作情况汇报，研究和解决了工作中存在的问题；县委、县政府 3 次召开工作调度（现场）会，县扶贫办 2 次召开现场会，使工作按时序推进。

二是落实督查制度。以"两率一度"、项目建设、资金管理使用为重点，从县有关部门、县（市）扶贫部门抽人组成督查组，共开展专项工作督查检查 11 次，切实解决工作中存在的"不精准、不细致、不到位、不落实"的问题。

三是规范管理制度。3 次会同监察、财政等部门，对各年度财政专项扶贫（发展）资金进行清理，下发整改通知书，确保扶贫资金用在"刀刃"上。特别是针对孙志刚省长提出的"7 个问题"和省级脱贫攻坚督导组指出的"10 个问题"，下发了问题整改工作方案，分门别类，开展拉网式工作普查，对照整改不留余地，推动脱贫攻坚迈上新台阶。

四是落实考核制度。对各村纳入目标考核新指标，每月进行评比，每季度对村脱贫攻坚工作进行考核，按照下管一级的原则，推动乡镇脱贫攻坚专项考核，进一步压实工作责任。

## （六）抓社会扶贫聚力攻坚

一是抓政策宣传，挤出资金 0.6 万元，印发 2000 份《贵州省大扶贫条例》海报，宣传扶贫开发政策，让贫困户知晓"摘帽不摘政策"，消除贫困群众的后顾之忧，引导贫困户"愿脱贫"，激发其内生动力。

二是抓好驻村帮扶，2017 年选派干部 1 人驻村，带领村支两委和贫困户厘清脱贫思路，提高"两率一度"，落实发展项目 7 个，项目资金 387 万元，努力使驻村工作见成效。

三是积极开展"扶贫日——慈善一日捐"活动，据不完全统计，全县共募集捐款 100 余万元。

## （七）抓改革创新破难题

一是创新扶贫管理方式。建立了脱贫攻坚沟通协调机制，与县纪委建立联席会议制度，双方互派人员，定期召开会议，分析研判影响工作开展的各种因素；与县卫计委、县水务局、县残联、县住建局、县教育局、县公安局等部门建立定期信息通报制度，着力推进数据共享、数据互通、工作互助。

二是创新问责追究办法。制定了《脱贫攻坚问责实施细则（试行）》《乡镇脱贫攻坚工作考核办法》《脱贫攻坚考核办法》，对全县脱贫攻坚中"不作为、乱作为、慢作为"的单位和个人提供问责处理的依据，以问责倒逼责任落实，不断推进脱贫攻坚制度化、规范化。

三是制定了《关于严格帮扶责任督查考核实施办法》《关于脱贫攻坚工作实时指挥调度和管理监督的实施办法》《统筹整合使用财政涉农资金管理办法》《关于支持深度贫困地区脱贫攻坚的若干意见》等文件。

## 三　存在的主要问题

扶贫工作尽管取得了一定成效，但由于受生存环境恶劣、生产条件落后等客观因素制约，脱贫攻坚的形势依然十分严峻。特别是山区少数民族聚居区，自然条件差、生存环境恶劣，脱贫攻坚任务重，脱贫难度大。

一是部分帮扶工作不实。部分部门重视扶贫工作不够，没有把扶贫工作作为第一发展要务和第一民生工程抓紧抓实，工作仍停留在以往"大水漫灌"的扶贫模式上，在人员安排、工作落实、措施推进等方面力度明显不够；部分帮扶干部对政策不了解，因村因户施策不够精准，帮扶措施不对路，存在一帮多、委托帮、慰问帮、扶贫责任人工作办法不多、入户到位率低等现象，导致群众满意率不高。

二是产业扶贫成效不明显。贫困村产业多为当年脱贫的"短平快"项目，长远持续致富支撑产业较少，不能保证有持续稳定收入来源，且各村镇缺乏对产业扶贫的系统谋划，再加上农业产业规模小、链条短，项目覆盖贫困户比例低，与精准扶贫因户制宜难以有效衔接，导致扶贫项目精准度不够，成效不明显。

三是财政扶贫资金管理使用不规范。政策执行不到位，项目建设缺乏长远规划，建设进度缓慢，扶贫资金大量结转结余，造成资金闲置，加上部分村镇未严格落实报账制管理，挤占挪用、违规发放和超范围列支等现象不时发生；还有涉农资金筹集、管理、分配、使用较为分散，缺乏统筹安排，很难形成"多个渠道进水，一个渠道出水"机制。

四是内生动力和发展能力弱。贫困人口大多文化素质不高、缺乏劳动力和技术，加之"等靠要"思想严重，在国家各项扶贫政策的实施兑现和社会各界捐资捐物方面，部分贫困户产生了依赖思想，为长期享受扶贫政策，故意隐瞒收入状况，不愿脱贫或争戴贫困帽等。

## 四 展望

### （一）聚焦深度贫困脱贫

一是加大农业结构调整力度，大力推进蔬菜、黄桃、食用菌、香猪、林下养鸡，大塘镇海花、中药材、马铃薯、生猪养殖、绿壳蛋鸡，代化镇生猪养殖、蔬菜、水果等产业发展。

二是推动基础设施建设行动计划，加快以通组路、农村人饮安全、易地扶贫搬迁、农村危房改造、卫生医疗功能完善为重点的深度贫困地区基础设施建设步伐。

三是探索贫困户子女9年义务教育进县城路径，着力解决贫困地区教育均等化问题，提高深度贫困地区贫困户子女接受教育的质量。

四是大力推进实施改厕、改圈、改水和门前后院硬化工程，着力提升改善深度贫困村、贫困户人居环境。

### （二）聚焦产业扶贫发展

农民增收是中央农村政策的核心，增收的关键在产业，产业扶贫是解决贫困群众根本性增收致富的长远有效方式，是贫困农户增加收入最现实的选择，没有产业，农民就没有增收的项目，脱贫就缺乏载体，致富就缺少后劲。因此，要真正实现农村经济长效发展、贫困人员增收致富，必须把加快产业扶贫提高到一定高度来全力推进。

一是因地制宜，发展特色扶贫主导产业。指导各村镇结合资源禀赋、产业现状、市场空间、环境容量、新型主体带动能力和产业覆盖面等情况，加大产业结构调整力度，优化产业布局，制定好长、中、短期产业规划。

二是加强产业扶贫项目产前、产中、产后的跟踪服务。在制定产业项目规划过程中，突出"一村一品"，完善项目管理办法，加大项目督查、跟踪、调度力度，采取全方位、全过程跟踪指导服务，指导和帮助农户解决项目实施过程中遇到的困难和问题，狠抓项目的推进、建设和验收，确保形成建成一个、组织验收一个、见到效益一个、带动贫困户脱贫一批。

三是坚持品牌带动，加快培育壮大贫困地区种养大户、农民合作社、龙头企业等新型经营主体，鼓励更多的贫困户加入协会和合作社，通过合作社统一生产管理规范、统一技术措施，逐渐向统一品牌销售发展，改变小农经营模式，形成规模经济，带动当地产业向规范化、标准化和规模化方向发展，增强市场竞争力。

### （三）聚焦项目建设及资金管理

一是提高财政扶贫资金的使用效益。在计划贫困村产业扶贫项目时，指导村镇选准开发基础好、潜力大，技术成熟可靠，尽可能覆盖大部分贫困户，群众乐于接受和较易掌握，易于在贫困村中推广，能够稳定增加贫困农民收入的产业为发展重点，确保财政扶贫资金发挥最大的效益。

二是用好信贷资金。充分利用小额信贷、"特惠贷"这个政策，对缺乏生产资金但又有愿望增加资金投入的贫困农户，协调金融部门，帮助其申请贷款，争取"特惠贷"发放。

三是用足金融扶贫资金和产业扶贫子基金。指导各村镇组建产业扶贫投资开发有限公司，切实提高承接产业扶贫子基金能力和产业扶贫开发能力，抓住国家加大脱贫攻坚支持力度和省推进产业扶贫基金的机遇，谋划、完善扶贫项目，储备一批重大项目，积极争取项目和扶贫基金支持。

### （四）聚焦扶贫龙头企业发展

一是坚持把培育壮大扶贫龙头企业作为扶持贫困村产业发展、扶持贫困群众增加收入的重点来抓，充分发挥企业一头连市场、一头连基地和农户作用，增强带动农户发展的能力。

二是在大力扶持现有的扶贫龙头企业的基础上，利用扶贫贴息贷款的优势，引导更多具有产业优势的龙头企业增强社会责任感，吸引他们加入扶贫队伍，带动贫困户发展。

三是加快专业合作社、家庭农场、专业大户的发展，鼓励龙头企业与农民专业经济组织合作，政府通过一定程度的担保，促进龙头企业与农户形成紧密合作关系。同时，加快土地流转，鼓励土地向种养大户和有责任心的农业产业化龙头企业聚集，积极推进"三变"模式，促使龙头企业和种养大户形成内部纵向一体化经营模式，多渠道增加贫困农户收入。

四是找准产业项目与贫困户增收的结合点，真正建立起贫困户分享产业发展红利的有效机制，建立和完善好合作社、农业企业、专业户与贫困户的利益联结机制。

（五）聚焦脱贫督查考核

以"两率一度"为考核的重点，进一步压实领导责任、基层责任、行业责任。指导各村镇深入开展拉网式工作大排查，切实帮助群众办实事、解难事，真帮实扶，实现帮扶措施全覆盖，提高群众对帮扶工作的满意度。同时，以考核结果的运用为突破口，强化脱贫攻坚党政"一把手"负责制的履行，严格落实党风廉政主体责任、监督责任，持续抓好思想政治教育、作风建设，夯实廉政基础，预防和消除腐败。大力整合纪检监察、组织人事、督查督办、审计、财政、扶贫等力量，将扶贫领域的专项整治巡察与业务督查相结合，对敢向扶贫领域"动奶酪"的，坚决依法依规从重处理，点名道姓通报曝光，坚决"斩恶念""断黑手"，打造阳光扶贫、廉洁扶贫。

（六）聚焦干部队伍素质提升

一是加强扶贫队伍思想作风建设。认真贯彻落实十九大、省第十二次党代会、州委十一届党代会精神，找准切合点，全面增强"四种意识"，着力打造素质过硬、作风扎实、进取创新的扶贫干部队伍，着力提高统筹协调组织开展脱贫攻坚工作的战斗力，承担起实施脱贫攻坚政治责任、经济责任、社会责任。

二是扎实抓好扶贫干部队伍培训。重点围绕解读中央和省委、省政府脱贫攻坚的重大政策举措，贯彻落实精准扶贫、精准脱贫要求，与中山大学、州委组织部等单位开展脱贫、攻坚重点工作系列培训，提升扶贫干部队伍业务能力素质。

三是抓好扶贫系统党风廉政建设。严格落实"两个责任"，抓住"关键少数"，履行"一岗双责"，严格执行廉洁自律准则和党政纪处分条例，把纪律规矩放在前面，进一步完善扶贫资金项目廉政风险防控长效机制，积极营造风清气正的氛围。引导激励党员干部真情实感抓脱贫、廉洁自律促攻坚，确保廉洁扶贫和安全扶贫。

四是扎实抓好脱贫攻坚宣传工作。坚持正确导向，通过开展集中宣讲活动、组织新闻媒体宣传报道等，深入广泛宣传中央、省委省政府和州委州政府打赢脱贫攻坚战的决策部署和重大举措，宣传各地脱贫攻坚取得的成效和精准扶贫、精准脱贫的典型做法和成功经验，宣传社会各界关心、支持、参与脱贫攻坚的先进事迹，凝聚脱贫攻坚正能量。

# 附录二 黎平县"藤缠树"产业扶贫模式的做法和启示

黎平县以新型农业经营主体为"树",以贫困农户为"藤",创新利益联结机制,念好"缠"字经,按照"龙头企业+合作社(支部)+基地+农户"的组织模式,探索出"龙头引领、农户参与、抱团取暖、共同发展"的"藤缠树"产业扶贫模式。

近年来,黎平县在践行大扶贫战略行动中,大胆创新,坚持强龙头、建基地、带农户、创品牌,组织和动员广大贫困农户主动参与农业产业发展,探索出"龙头引领、农户参与、抱团取暖、共同发展"的"藤缠树"产业扶贫模式,建立群众持续增收长效机制,走出了一条科学治贫、精准扶贫、有效脱贫的产业扶贫新路子。2016年全县实现1.05万贫困人口脱贫、1个贫困乡镇"减贫摘帽"、1个贫困村出列,贫困发生率从"十二五"初期的45.3%降至2016年底的16.67%。

## 一 主要做法

### (一)实施"强树"工程,培优扶强龙头企业

黎平县以新型农业经营主体为"树",坚持"三育三带",大力实施"强树"工程。一是育龙头企业,带就业增收。制定出台了《黎平县现代高效农业园区招商引资优

惠扶持政策（试行）》，积极招商引资，引进广东天农、但家香酥鸭、贵阳富之源、四川宏汇森、山东寿光等产业关联度高、科技含量高、带动就业能力强的龙头企业，对引进企业采取县领导、县直各相关部门领导干部精准联系包保服务企业等措施，培育和扶持35家原有龙头企业，就近就地优先安排贫困劳动力务工就业。二是育合作组织，带入股增收。围绕发展以绿壳蛋鸡、高钙苹果、紫王葡萄、优质核桃为主，中药材、刺梨、蔬菜等为辅的"4+N"产业，通过村支两委创办、党员领办、能人带办和产业联办等方式，扶持建设种养基地、家庭农场、农民专业合作社等各类农业合作组织，吸纳贫困户以土地资源、扶贫产业项目和扶贫资金等入股农民合作组织。三是育产业大户，带创业脱贫。出台《关于加快全县农业"接二连三"步伐的意见》《黎平县促进农村经济发展配套扶持政策》等激励政策，整合"3个15万""党带富"工程、"特惠贷""脱贫贷"政策等资源，通过优先安排产业大户申报发展壮大的项目等措施，让产业大户带领贫困群众发展"4+N"产业，将贫困群众变为产业大户。

（二）实施"壮藤"工程，增强群众内生动力

以贫困农户为"藤"，大力实施"壮藤"工程，激发贫困农户内生动力。一是抓思想观念转变。实施背篼干部"一背四送"工作法（背脱贫使命，送精神内力、送惠民政策、送致富方法、送精准服务），开展"两学一做""扶贫一日行""四进四送"（党员干部进村组、进农

户、进机关事业单位和国企，进非公企业和社会组织，送党章党规、送讲话精神、送政策思路、送温暖关怀）等活动，5988 名干部与 19352 户群众结成联亲包保对子，96 个企业包保到村，1078 名企业员工及民营经济人士包保到户，并以"扶贫夜校"为载体，通过田坎会、院坝会、堂屋会和夜话会等形式与群众"面对面""心连心""手牵手"，"零距离"谋出路、话发展，引导群众从"要我脱贫"向"我要脱贫"转变。二是抓文化素质提升。以农村党建"两带两增奔小康"（党员带头致富、带领群众致富，党组织增强凝聚力、增强战斗力）为抓手，结合农业"接二连三"，整合远程教育、科技特派员等阵地和人力资源，在农业产业园区教育实践基地举办各类培训班。以脱贫夜校、道德讲堂等为平台，开展文化知识学习、实用技术培训、惠农政策宣讲、道德宣讲等活动，选树"致富能手""文明家庭""好媳妇"等榜样，营造"人人学习文化、人人争当先进"的浓厚氛围。三是抓实用技能培训。实施新型职业农民素质提升工程，组织贫困群众参加县人社、农工和扶贫等部门组织的"绿色证书"等专业培训，将"贫困户个体"培育为从事施工、劳务等"组织化"的农民。大力发展"订单式、定向式"职业教育，加大职业教育和农村实用技术培训力度，确保具有劳动力的贫困家庭至少有一名技能人员。

（三）实施"优缠"工程，创新利益联结机制

坚持念好"缠"字经，将作为"藤"的贫困户和作

为"树"的农业经营主体有机结合起来。一是建立产业党支部,实现区域抱团。整合63个农村党组织、8个龙头企业党组织、21个合作组织党组织、5个金融机构党组织、14个职能部门党组织力量,组建绿壳蛋鸡、高钙苹果、紫王葡萄、优质核桃、花卉苗木、但家香酥鸭等6个产业党支部,活动阵地建到产业基地上、产业带上和产业示范点上,按照产业、工作、业务关联性,对产业覆盖的重点村(社区)、龙头企业、合作组织、金融机构、职能部门党总支(支部)实行双重管理。二是整合资源,推动规模发展。建立乡镇农村土地流转服务站,积极为龙头企业、农民专业合作组织、产业大户给予政策、信息等支持,提供土地流转服务。大力建设产业基地,充分结合各乡镇实际和特色,每个乡镇建立一个农业产业园区,为产业发展提供载体。整合"党带富"工程、"特惠贷"政策和"四台一会"融资平台等资源,县财政每年安排200万元作为贫困农户贷款贴息资金,为产业发展提供必要的资金保障。坚持市场导向,着力创建品牌,抓住贵阳市对口帮扶黎平的契机,依托贵阳市场,以产定销发展蔬菜产业,推动产业规模发展。三是完善利益体系,促进互助双赢。出台《黎平县轻工产业园入驻企业安置贫困劳动力就业奖励暂行办法》《黎平县促进服务业发展奖励办法》等,按照"龙头企业+合作社(支部)+基地+农户"组织模式,依托龙头、建设基地,不断完善龙头企业、合作组织和产业大户与贫困户的生产发展型、务工就业型、入股分红型、能人带动型四种利益联结类型，实现生产发展得现金、务工就业得薪金、入股分红得股金、土地流转得租金，促进农户发展。2016年，通过生产发展型带动贫困户1000户以上，人均增收1500元以上；通过务工就业型带动贫困人口800人以上就业，人均每年工资性收入达到20000元以上；通过入股分红型带动贫困户500户以上，户均增收5000元以上。

## 二　主要成效

### （一）农业全产业链成效进一步凸显

黎平充分发挥"藤缠树"产业扶贫模式的引领作用，在传统农业、特色农业、品牌农业、观光农业上做足文章，延长农业产业链，推进农业发展标准化、规模化、组织化、产业化、园区化、市场化，解决了新型农业经营主体发育滞后、农业产业链过短、农业功能开发不足等难题，形成了绿壳蛋鸡、高钙苹果、紫王葡萄、优质核桃等一批优势突出、竞争力强、效益较好的产业带，打造了农工融合、农商融合、农旅融合的新型产业形态，进一步拓展了农业增效、农民增收、农村发展的空间。目前，黎平建成了长广线"高钙苹果＋旅游"、摆所镇"紫王葡萄＋旅游"等一批"接二连三"示范基地，"接二连三"催生聚合效应形成了明显的示范和辐射带动作用。

## （二）贫困群众参与度、受益度进一步提高

贫困群众与龙头企业、合作组织、种养大户等新型农业经营主体形成利益联结共同体，实现增收致富。2016年，全县5400户1.24万名贫困群众与47家龙头企业、296个农民专业合作社、74个产业大户结成"捆绑式"利益联结关系，到2018年，全县9000户2.1万贫困人口将通过产业发展实现脱贫。比如，广东天农公司带动2500户贫困农户以"特惠贷"资金入股、以劳动力务工，户均年增收2.4万元以上，可带动1.57万名贫困群众脱贫致富；但家香酥鸭选择有一定文化和经济实力的农户作为牵头人参股，由村支两委组织发动20~30人的贫困户与企业抱团，将扶贫资金变为股金，通过合作社参股养殖，项目覆盖1142户3300名贫困人口，每年可养殖肉鸭640万只，每只可获利1.5元，为贫困户创收400多万元，人均增收1260元。

## （三）基层组织凝聚力、战斗力进一步提升

"藤缠树"产业扶贫模式以基层党组织为领导核心，把党建工作和精准扶贫有效拧成"一股绳"，充分发挥基层党组织"一线指挥部"的作用，成为精准扶贫的攻坚堡垒。黎平积极发挥6个产业党支部、7个乡镇党委、82个村党支部、28个产业党支部、15个企业党支部的组织优势，带领贫困群众调整产业结构，发展富民产业，壮大村级集体经济，成为带领贫困群众脱贫致富的主心骨、

领路人。比如，黎平县紫王葡萄产业党支部充分发挥组织优势，积极协调各类项目、资金等资源，发展种植紫王葡萄3.56万亩，涉及农户2134户（其中贫困户817户），发展与紫王葡萄相关的专业合作组织23家，紫王葡萄年产值突破3亿元，成为当地贫困群众增收致富的支柱产业之一。

## 三 经验启示

### （一）党建引领是核心

打赢新形势下的脱贫攻坚战，关键在党，关键在人，党建引领是脱贫攻坚的核心。黎平"藤缠树"产业扶贫模式，充分发挥党的政治优势、组织优势、密切联系群众的优势，积极探索发挥各级党组织的引领、协调和保障作用，有计划、有组织、持续性地开展党建扶贫工作，以党建带扶贫，以扶贫促党建，坚持扶贫开发在哪里，党建工作就跟进到哪里，扶贫项目在哪里开展，党员作用就在哪里发挥，实现了扶贫攻坚与基层党建"双推进"。

### （二）内强动力是关键

碗边上的饭粒子填不饱肚子。精准扶贫要走出"人穷志短"的误区，充分发挥群众的主体作用，最大限度激发贫困群众脱贫内生动力，积极引导贫困群众投身脱贫攻坚主战场。黎平县"藤缠树"产业扶贫模式，通过"一背四送""扶贫一日行"等一系列做法，提高各级党组织的责任意识、全社会的参与意识和贫困帮扶对象的自我发展意识，着力突出扶贫工作的内生性、自觉性和系统性，把扶贫工作从外扶为主转向内强为主，形成了政府、市场、社会协同推进的大扶贫工作格局。

### （三）产业扶贫是根本

产业是脱贫之基、致富之源、强县之本，没有产业支撑的脱贫致富，是无源之水、无本之木，也是不可持续的。黎平"藤缠树"产业扶贫模式，把发展产业作为扶贫开发的根本出路，把产业结构调整聚焦到贫困村、精准到贫困户，以产业带扶贫、扩就业、促增收，推动扶贫开发由"输血式""粗放式""被动式""分散式"扶贫向"造血式""精准式""联结式""整体式"扶贫转变，引领群众精准脱贫，精准扶贫成效显著。

### （四）抱团发展是出路

产业扶贫的最终目的是推动贫困群众脱贫致富。黎平通过实施"藤缠树"产业扶贫模式，深化利益联结机制，使贫困群众与龙头企业、合作组织和产业大户等新型农业经营主体牢牢"捆绑"在一起，并通过履行好党委主责、政府主抓、干部主帮、基层主推、社会主扶的"五主"责任制，实现对口帮扶、定点帮扶、集团帮扶等各种方式齐发力、互帮衬，凝聚起全社会投入扶贫开发的强大合力。

# 附录三　黎平县"六个一"精准扶贫的做法与启示

精准、细化、落实是打赢脱贫攻坚硬仗的根本关键。2017年以来，黎平县以春季攻势、"大比武"行动、深度贫困村脱贫攻坚、秋季攻势为抓手，下实精准脱贫"绣花功夫"，厘清工作思路，细化落实责任，明晰帮扶流程，规范操作程序，激发贫困群众主体作用和内生动力，破解了工作不务实、帮扶不扎实、脱贫不真实、发动群众不充分的问题，探索形成"六个一"（一户一策、一户一卡、一周一话、一月一访、一季一清、一月一查）精准扶贫工作法，提高了扶贫效率、增强了干部信心、赢得了群众认可，闯出了一条干群齐心克难攻坚的脱贫新路。目前，全县已有10个贫困村、5801户贫困户、22476名贫困人口实现脱贫出列。

## 一　主要做法及成效

### （一）一户一策，精准帮扶

聚焦"户户有增收项目、人人有脱贫门路"要求，结合市场走向、贫困户基础条件和意愿，围绕"一超出、两不愁、三保障"目标，为12914户贫困户量身制定一户一脱贫方案，出台《黎平县财政专项扶贫资金"先建后补"实施办法（暂行）》，整合社会、部门帮扶资金和领导干部捐款建立扶贫奖励激励资金，分类分户实行资源量化入股、先建后补、以奖代补扶持模式，保证贫困户年度家庭收入超出脱贫标准并达到人均 4000 元以上。91 户贫困户以资源入股黎平贵州绿宝石丝绸有限公司，每户年均增收 500 多元；茂兰镇采取"先建后补"方式，扶持 518 户贫困户养牛 398 头、养猪 240 头，带动户均增收 4000 多元。

（二）一户一卡，亮明身份

以乡镇为单位，因村、因户选派挂帮人员，人岗相适地解决好"谁来扶"的问题。制作帮扶责任人"责任卡"、贫困户"明白卡"，规范、详细记载贫困户家庭情况、贫困程度、致贫原因、脱贫需求、帮扶计划、帮扶措施、项目落实，以及帮扶责任人姓名、单位、电话等信息，使干部与贫困户知彼知己、互通有无。目前，已制作责任卡、明白卡 15000 多张，发放脱贫攻坚政策"口袋书"6600 余本，明白书 12000 余份。

（三）一周一话，建立友谊

明确每周六为"精准脱贫电话亲情日"，由帮扶责任人与帮扶户户主通亲情电话，了解贫困对象就业、收入、生活和脱贫增收现状，掌握帮扶贫困户项目推进情况，协调解决项目实施问题，引导有劳动能力的贫困对象到市场和收入稳定的行业和地方务工，督促老弱病残兜底政策的执行落实，有效畅通感情服务"最后一公里"，构建干群同心协力攻坚的精准脱贫工作大格局。全县已通过亲情联络向 2578 户

9702人宣传脱贫攻坚政策，提供就业岗位15000余个，引导4000余人在项目工地、农家乐、桑蚕厂等就近就业。

（四）一月一访，跟踪推进

将每月最后一个星期明确为"精准脱贫走访周"，由挂帮干部按常态化、制度化要求走访帮扶对象，了解贫困户家庭信息、需求和收入变化情况，消除生产生活痛点，跟踪推进扶贫项目落实，抓常、抓细、抓长精准扶贫。2017年来，全县干部共回访贫困户12914户，为贫困群众办实事1.35万件，累计投入各类扶贫资金19283万元，以"特惠贷"贴息资金559万元撬动金融贷款2.68亿元投入扶贫开发，覆盖贫困户5966户。

（五）一月一清，知晓进度

明确每月30日为"精准脱贫台账日"，按照收支台账一月一户一档案要求，由挂帮干部为帮扶对象计算、录入当月收入台账，重点帮助贫困户算清产业项目增收、务工收入和家庭重大支出三笔账，让贫困户心中有数地签字认可增收账，增强贫困户的脱贫自信和获得感。2017年上半年，全县农民人均可支配收入完成4612元。

（六）一月一查，压实责任

县委、县政府主要领导负总责，8名县委常委挂帅8个战区指挥长，每个战区成立脱贫攻坚专项督查组，明确每月第一个星期为"精准脱贫督查周"，采取明察暗访与走访群众相结合，重点督查贫困户走访、扶贫政策落实、扶贫项目推进、贫困户收支佐证等内容，定期通报督查结果。对履职不到位、帮扶成效不明显的责任人记录在案，与年度目标管理考核挂钩；对慢作为、乱作为和不作为的，由纪检监察部门进行执纪问责。目前，全县已开展督查177次，对违法违纪干部立案6起、约谈20人。

## 二 经验启示

### （一）凝聚攻坚合力，要突出措施精准

思想上高度统一，行动上目标一致，情感上产生共鸣，才能形成强大的合力。"六个一"精准扶贫工作法，厘清了精准扶贫的工作和责任链条，量化脱贫目标，统一帮扶方式，规范操作标准，简化工作流程，让干部和群众知目标、懂环节、会操作、有方法，凝聚起干群思想同心、目标同向、行动同步决胜脱贫攻坚、同步全面小康的强大动力。

### （二）充分发动群众，要体现干有所值

贫困户贫困现状多样、贫困成因多元，只有"量身定制"帮扶措施，才能真正扶到根子上、扶到点子上，实现政策效应、资金效应、帮扶效应的最大化。黎平县因户施策，采取量化入股、"先建后补"、"以奖代补"等方式，引发贫困群众发展产业、增加就业的热情，解决了扶贫项

目难实施、资金养"懒汉"的问题，群众思想观念逐渐由"要我脱贫"向"我要脱贫"转变，脱贫攻坚由"政府主导"向"人民主战"发展。

（三）强化责任意识，要做到人人有责

脱贫攻坚任务越是艰巨，就越需要发挥督查促进工作落实的"助推器"作用。黎平县对标贫困户脱贫标准，聚焦挂帮任务落实、脱贫攻坚进度，按月开展领导挂点包片督查，纪检监察部门紧盯问题线索执纪问责，使包保领导、镇村干部、帮扶责任人、贫困户人人身上有责任、个个心中有压力，时刻把脱贫放在心上、扛在肩上、抓在手上。

## 附录四 黎平县"六山"行动"亮剑"贫困堡垒

近年来，黎平县突出脱贫攻坚"设施建设与产业开发同力""物质扶贫与精神扶贫同进""思想扶贫与文明建设同步""贫困户扶持与非贫困户促进同抓""区域协调发展与生态文明推进同强"，以"六山"行动（山区公路组组通、山寨道路户户连、山间清泉家家到、山上产业村村有、山乡卫生寨寨美、山中危房栋栋除）为主要抓手，"亮剑"贫困堡垒，全面解决和改善群众生产生活条件，全力加快群众尤其是贫困群众脱贫致富奔小康步伐，全县人民群众的获得感、满意度和幸福感指数显著提高。

## 一 决心"山区公路组组通"，建设横到底、纵到边的便捷交通网络

### （一）贯通村组硬化路

坚持"交通先行"，充分发挥交通建设项目在脱贫攻坚中的支撑性作用，建立完善布局合理、标准适宜、出入便捷的农村公路体系，全面实施村与村之间、组与组之间的道路硬化工程，与全县城乡路网进行衔接，彻底打通贫困群众增收致富路"最后一公里"。目前，新建改造国省道289.94公里、县乡道687.55公里；建成通村水泥（柏油）路519.1公里，实现村村通水泥（柏油）路；建

成通组路 778.22 公里，覆盖 1272 个自然村寨，占全县自然村寨总数的 86.83%；2017 年 8 月向剩余 193 个自然村寨 519.85 公里（其中，30 户以上 390.72 公里、30 户以下 129.13 公里）的通组路发起总攻，确保年底前完成 22 个深度贫困村 189.41 公里通组路建设，2018 年 10 月底前完成所有通组路建设，提前两年实现通组路硬化工程全覆盖。

（二）畅通产品物流路

完善村级物流配送体系，利用"电商+"模式促进贫困户"资源"进入市场，助推农货出山。目前，全县物流快递企业达 36 家，邮政村级配送实现 100% 全覆盖；到村物流总里程达 1297 公里，覆盖全县 80% 以上的村组；累计投入 7000 余万元，建成县城电子商务产业园重点项目和 8 个镇（街）级电商服务站、76 个村级电子商务服务网点、"万村千乡市场工程"农家店 277 家、农资配送中心和日用品配送中心共 5 个；引进广州奇码科技公司，在贵州昌明农产品大数据中心建成全国首个电商扫码超市；与黔南电信合作实施信息化三年会战建设，搭建"云上黎平"信息公共服务平台。全县现有电商企业 40 家，网店、微店 500 余家，2017 年上半年，全县电子商务交易额实现 3.81 亿元、网络零售额 640.07 万元。

（三）直通政策帮扶路

按照每户贫困户均有一名干部包保、每名干部均包保一户以上贫困户、所有联亲帮扶干部每月到贫困对象家中走访一次以上的"111"原则，共选配117名机关优秀年轻干部到各村（居）挂任"第一书记"，组建51个280人同步小康驻村工作组常驻贫困村开展帮扶工作，明确38名县级领导和111个部门分别挂帮95个村，3146名干部与12673户建档立卡贫困户结成帮扶对子，通过大量的深入走访座谈，精准掌握了每户贫困户在就医、就学、养老、住房、就业等领域迫切需要解决的困难和问题，找准了制约贫困村组发展症结，全县各级各部门和广大干部职工积极帮助谋思路，切实增强了贫困群众脱贫致富奔小康的信心和决心，增进了干部与群众的血肉联系。

## 二 恒心"山寨道路户户连"，搭建密切干群关系、便民利民的连心桥

### （一）连户便民行

按照"集中连片、突出重点、先干后补"的建设思路，坚持"农民自愿、筹补结合、逐村推进"和"渠道不变、管理不乱、各负其责、各记其功"的建设原则，整合"一事一议"、"四在农家·美丽乡村"、农村人居环境综合整治、财政扶贫、新农村建设、农村文化建设、烟草援建示范村等项目资金，采取党员干部结对帮扶、群众自愿投工投劳投资、政府奖补扶持的办法，加快村

寨连户路建设。目前，建成覆盖 79 个村 739 个自然村寨 469.94 公里的连户路建设；计划 2018 年 1 月底，完成具备条件的 47 个贫困村 30 户以上 239 个自然村寨 146.77 公里连户路的硬化建设，2018 年 9 月底，全面完成其他 54 个行政村 146.22 公里的连户路建设，实现村寨连户路全覆盖。

（二）连产带民富

积极探索农村"三变"发展模式，按照"村村联建""村企联合""村居联动"等方式组建 8 个联合体，充分整合村域内的山、林、水、矿产等自然资源，通过联合土地、林地、种养殖等组建服务型经济实体为社会提供优质服务，使村集体、农户、大户、企业（合作社）"抱团互助"发展，建立利益联结机制。积极引导村两委采取单独经营或租赁承包经营的方式，加大资源开发整合力度，通过发展种植业、乡村旅游业、养生休闲业和矿产业等方式，在保护好生态环境的前提下，变资源优势为经济优势。目前，联合开发山林 84550 亩、荒地 42244 亩、水面 25251 亩、矿山 170 亩，仅村集体经济每年就可增加经营性收入 268 万元以上。

（三）连党暖民心

借助"一事一议"等民生工程项目，加快农村公益事业建设，打通服务联系群众"最后一公里"为"最后一米"，依托大数据精准扶贫系统，搭建全省扶贫信息服务平台，设立贫困村定向投资渠道、贫困户定向捐助等平台，面向社会发布贫困村、贫困户困难现状和需求信息，让有爱心和捐赠意愿的社会各界人士参与贫困地区特色资源开发、特色产业培育、农民工用工需求等扶贫活动，实现外力帮扶与自我造血的有机对接，提高对口扶贫的"滴管"效果。目前，102家省、州、县级定点扶贫单位与全县95个行政村建立帮扶对子，投入各类帮扶资金超过1亿元。同时，扎实推进"千企帮千村、百企帮百村"精准帮扶行动，积极引导鼓励全县77家非公企业到贫困村开展帮扶活动，协调项目资金5300余万元。

## 三 用心"山间清泉家家到"，建立科学治水、节水管水的安全用水体系

### （一）水利工程覆盖到村

遵循"节水优先、空间均衡、系统治理、两手发力"的新时期水利工作方针，紧盯自来水普及率、水源地水质达标率及安全饮水率等达100%的核心指标，积极实施"百村千库"保安工程，加快推进水治理体系和水治理能力现代化，确保村村都有安全饮用水源。在抓好重点水利工程建设的同时，注重"五小"工程建设，实施骨干水源工程、农村饮水安全工程、小型农田水利工程、病险水库治理、中小河流治理、水土保持治理等项

目 154 个，新建小型以上水库 8 座，新增灌溉面积 2.74 万亩，新增水浇地 2.12 万亩，改善灌溉面积 1.78 万亩，恢复灌溉面积 4.64 万亩，解决 17.48 万亩的农田灌溉问题，解决 11.68 万人的饮水安全问题；治理河道 19.51 公里，治理水土流失面积 9 平方公里，保护 3.8 万亩农田及 5 万人的防汛安全。

（二）节水奖励覆盖到户

大力实施水价综合改革，出台《黎平县农业水价综合改革试点项目精准补贴和节水奖励机制实施办法》，科学确定补贴对象、方式、环节、标准、程序等，确保奖补资金可持续。建立"协会＋公司＋水管单位"和"农户＋用水协会＋水管单位"的管理模式，通过末级渠系改造、完善用水计量、调整农业种植结构、培育用水合作组织。大力推广先进适用的节水技术，全面提高农业用水精细化管理水平。通过改革，水资源利用率由原来的 8.4% 提高到 16.5%，万元 GDP 用水量下降 25%，农田灌溉用水有效利用系数为 0.5。

（三）水源治用覆盖到人

实行最严格的水资源管理制度，全面推行"河长制"，以关注水问题、提高水质量、改善水环境为核心，扎实推进水生态文明建设。目前，已建成 21 个农村集中式饮用水源地，全县集中式饮用水源地水质达标率达 100%。全面启动实施 173 个自然村寨的农村饮水安全提升工程，确保 2018 年 8 月底前所有工程全面完工并投入使用，有效解决 10436 户 45210 人的安全饮水问题，其中，30 户以上 129 个 9634 户 41609 人，30 户以下 44 个 802 户 3601 人，惠及 22 个深度贫困村和 29 个一般贫困村 2386 户 7342 人，实现农村饮水安全无死角。

## 四 实心"山上产业村村有"，形成"一镇一业、一村一品"的产业发展格局

### （一）有扶贫产业开发

将产业发展作为脱贫攻坚的主攻方向，坚持强龙头、创品牌、带农户，以短、平、快增收项目为重点，突出发展茶、蔬、梨（刺梨）、菌、药、畜等特色产业。近年来，共投入产业扶贫资金 6.6 亿元，建成茶园 22.61 万亩、刺梨 13 万亩、中药材 1.5 万亩、食用菌 580 万棒、蔬菜种植 19.1 万亩；2016 年末，生猪出栏 9.7 万头，牛出栏 0.71 万头，羊出栏 0.58 万头，家禽出栏 145 万羽。带动 3.13 万贫困人口增收，实现 9 个贫困乡镇全部"摘帽"，25 个贫困村出列，46582 人脱贫，贫困发生率由 19.69% 下降到 12.15%。到 2018 年底前，实现村村有产业目标，蔬菜种植 20 万亩、基地 30 个，产值达 7.7 亿元；无公害或有机茶园面积 18 万亩以上，改造或新增 7.8 万亩；加工厂 200 家以上。

## （二）有农业经营主体

以现代高效农业园区作为现代农业发展的重要载体和平台，以农业特色企业培育为重点，全面推进各类农业经营主体做大做强。加快培育镇街产业园区、产业示范村、村产业项目建设，积极开展户改场、场入社、社联合，着力培育一批示范性家庭农场与合作联合，造就一批具有"企业家精神"和"工匠精神"的致富带头人，实现农民专业合作社95个行政村全覆盖，培育省级农业龙头企业6家、州级20家、县级35家。力争到2017年11月底，实现县级以上龙头企业81家以上，新增农民专业合作社50家，22个深度贫困村至少各建立1个运转良好、管理规范、独具特色的农民专业合作社。

## （三）有产业发展组合拳

大力推进"大数据 + 农业 + 旅游业"，促进农旅、林旅、茶旅融合发展，5000亩高标准油菜农业观光旅游区。同时，把乡村旅游发展与地方特色农产品结合起来，引导困难群众参与特色食品加工包装和销售，推动特色产品向旅游商品转变。对23个乡村旅游扶贫示范点建档立卡内的贫困户优先推荐参与务工增收，现已形成稳定的"企业 + 基地 + 贫困户 + 观光体验旅游"脱贫"传帮带"模式，带动全县景区周边农户6.5万余人进入旅游相关服务业。

## 五 齐心"山中危房栋栋除",确保农村危房户住有所居、居有所安

### （一）危房改造除险房

坚持把改善"农村住房最危险、经济最贫困"群众住房作为脱贫攻坚的重要抓手,大力实施农村危房改造工程,同步实施改厨、改厕、改圈,解决农村危房户"居有所安"的问题,并保障基本卫生健康条件。同时,注重农村建筑与田园风光、乡土文化、自然生态相协调,建设独具民族特色的民居。2016 年,完成农村危房改造 2910 户;2017 年,完成 3357 户改造任务;2018年 10 月底前,全面完成全县现有 5852 户农村危房改造任务。

### （二）易地搬迁除险地

把精准脱贫与新型城镇化建设结合起来,鼓励和引导生产居住环境差、房屋受损严重的农民进入城镇移民安置点,彻底改变以往贫穷落后的自给自足生产方式,在确保搬迁对象享有与迁入地原住户同等待遇的条件下,引导 30% 以上的群众搬迁到县城安置,60% 左右的群众搬迁到重点集镇安置,10% 左右的群众以其他方式零星搬迁安置。近年来,按照"通不了就搬"的原则,共建成移民安置点 9 个,共安排 951 户 4514 人,已搬迁入住906 户 4062 人;2017 年计划搬迁 1380 户 4560 人,其中,

贫困户 1289 户 4161 人，年底前完成主体工程，2018 年 6 月底前全部搬迁入住。

### （三）优化布局除散居

以新型农村社区和中心村建设为目标，以优化村庄和农村人口布局为导向，因地制宜，编制和完善乡村建设规划，明确乡村布局以及不同区位、不同类型村庄环境改善的重点和时序，合理确定基础设施和公共服务设施的项目与建设标准。在满足大多数群众需求的基础上，通过村庄土地整理、经济补偿、扶贫搬迁等途径，推动自然村落整合和农村居住点缩减，引导农村人口集中居住，开展农村土地综合整治，全面整治农村闲置住宅、废弃住宅、私搭乱建住宅，倡导节约用地，鼓励公寓式住宅。

## 六 信心"山乡卫生寨寨美"，推动人与自然的和谐发展、永续发展

### （一）环境整治村寨美

以"文明在行动·满意在黎平"活动暨"整脏治乱"专项整治为抓手，全面开展农村生活垃圾和生活污水综合整治行动，充分利用新型水泥干法窑协同处置城市生活垃圾焚烧处理线，积极探索"户分类、村收集、镇转运、县处理"的农村垃圾处理机制，实现农村垃圾的"减量化、

资源化、无害化";建成城镇污水处理厂4座,农村生态污水处理系统56套。2016年共处理农村垃圾63360吨,2017年以来处理53250吨,垃圾无害化处理率达91.99%;城镇污水处理率达81.25%,乡村生活污水得到有效治理。

（二）绿色生产生态美

加强禽畜养殖从农户分散型向集约化、规模化养殖转变,提升处理禽畜粪便污染的系统性和科学性。实施农村清洁卫生工程,改变农民生活方式,鼓励农民使用电、煤气、沼气等新型能源,减少秸秆、木、草等燃料的使用,实现经济发展与环境改善良性循环。深入推进现代农业园区建设,加快农业规模化、标准化和产业化经营,推广"果—畜—粮—沼"生态循环农业,严控农药、化肥过量使用,扩大无公害农产品、绿色食品和有机食品生产,全县共有"三品一标"认证70个,其中,农产品无公害产地认证66个,无公害农产品1个,有机食品认证1个,地理标识认证2个。

（三）文明创建风尚美

深入开展民族团结、村民自治、卫生清洁、美丽乡村、诚实守信、遵纪守法、最美家庭等示范村寨和示范户等群众性精神文明创建活动,建成美丽乡村示范点21个、18个文明示范村寨,评选出1万户文明示范户,100个最美孝媳、最美寨老,1410户最美家庭。大力整治农村滥办酒席,滥办酒席之风得到有效遏制;集中治丧、遗体火化、集中安葬"三位一体"的殡葬管理改革工作顺利推进。围绕"山山寨寨有警句、村村组组树村规、家家户户明家训、老老少少颂党恩、人人时时争先进、事事物物是景观"的目标，结合地域风貌和民族特色，开展覆盖到户、落实到人的示范创建活动，充分展现村寨得天独厚的生态环境、乡风民俗、庭院家风和精神风尚，助推脱贫攻坚。

## 附录五　黎平县积极探索产业扶贫的小桑蚕路子

近年来，黎平县深入实施省、州大扶贫战略行动，把为贫困户提供持续稳定的收入来源作为工作重点，将培育和壮大桑蚕产业作为产业扶贫的主攻方向，实现桑蚕项目"当年实施、当年收益"，得到群众的广泛支持，成功走出一条"小桑蚕推动大扶贫"的产业扶贫新路子。2017年，全县8个乡镇72个村发展桑蚕产业，桑园面积1.16万亩，养蚕1.68万张，鲜茧总产量69.384万公斤，总产值3191.66万元，总纯收益2771.66万元。涉及24个经营组织（合作社及大户）、1100户农户，养蚕户均收益2.52万元，带动贫困农户586户2173人增收脱贫。

### 一　建立健全机构，加强组织领导

成立了以县委、县政府主要领导为组长，县委分管领导为常务副组长，县人大、政府、政协分管及联系的领导为副组长，各乡（镇、街道）及县有关部门主要领导为成员的桑蚕产业发展领导小组，负责组织领导、资金协调和力量调配，协调解决桑蚕产业发展中的困难和问题；设立了桑蚕产业发展办公室，各乡镇设桑蚕产业发展站，配备专门人员，负责桑蚕产业发展的指导，对全县桑蚕产业实行统一管理，为桑蚕产业的发展提供了坚强有力的组织保障。

## 二 注重规划引领，明确目标任务

黎平县立足温热地理优势，坚持因地制宜、市场导向、科技支撑原则，以农民合作社为抓手，以示范样板为带动，以发展适应品种为重点，优化区域布局，加快新品种引进、新技术应用，主攻单产、品质，进一步提升产业化经营水平，力争把"小桑蚕"做成黎平决战脱贫攻坚、决胜同步小康的大产业。编制了《黎平县桑蚕产业发展规划》，明确了产业发展思路和产业发展定位，明确 2017 年全县新增种植桑园面积 1 万亩，桑农销售蚕茧 2000 吨，到 2020 年全县桑园面积达到 10 万亩，实现产值 6.4 亿元以上，工业产值 6.2 亿元以上，从事桑蚕产业人员人均收入 8000 元以上，年上缴税收 1000 万元以上，巩固 2.5 万人脱贫成果，新带动 1.5 万贫困人口脱贫，成为贵州最大的桑蚕生产县。

## 三 出台政策措施，强化机制保障

出台了《关于进一步加快桑蚕产业发展的意见》《关于进一步加快桑蚕产业发展的实施方案》，按照"政府引导、企业运作、政策扶持、带动农户"的发展思路，用活土地政策、资金保障、种桑扶持、蚕房建设补助、小蚕共育补助等扶持政策，明确对种植连片桑园 20~50 亩当年奖励 50 元 / 亩、50~100 亩奖励 70 元 / 亩、100~200 亩奖励 100 元 / 亩，200 亩以上的每超出 1 亩另奖 10 元；种植面

积 10 亩以上且新建标准化蚕房养蚕的，每平方米补助 200
元。亩产鲜茧 150 公斤以上并销售给县内合法企业的，每
公斤奖励 1 元。每年对精深加工的县内桑蚕企业按当年
纳税额的 20% 给予资金奖励。对发展桑园面积 10 亩以上
的组织或农户，允许利用 2% 以内的土地作为农业临时用
地，用于建设临时性蚕房。明确从 2017 年起至 2020 年，
县级财政每年预算安排桑蚕产业发展资金，整合各类涉农
资金投入，争取产业扶贫基金支持，2017 年县级财政投入
1000 万元，整合涉农资金 3239 万元，争取产业扶贫子基
金已获批到位 1.7 亿元。

## 四 加大宣传力度，提高桑蚕种养氛围

为进一步形成种桑养蚕氛围，提高群众种桑养蚕的积
极性，通过电视、微信、发放资料、制作广告、产业观
摩会、动员会议及驻村干部、"第一书记"发动等方式，
做深做细种桑养蚕宣传动员，一年内，共发放宣传资料
1.5 万余份，悬挂广告标语 200 幅。在蚕茧生产季节，组
织群众到县内桑区，甚至到邻近的桑蚕大县广西环江、
宜州等地参观，感受种桑养蚕气氛及桑农收入带来的喜
悦。开展蚕茧质量评比系列活动，对种桑养蚕质量好、
产量高的给予表彰奖励。每年还择时组织召开种桑养蚕
经验交流座谈会，对一年来的种桑养蚕情况和经验进行
总结，互相交流，相互促进。向群众说清讲透政策、帮
群众算好经济账。通过开展一系列宣传，进一步营造全

县种桑养蚕的氛围，提高广大群众的种桑养蚕积极性，激发种桑养蚕的热情，黎平群众参与种桑养蚕的积极性、主动性空前高涨。

## 五 加强培训示范，强化科技支撑

深化与贵州省农科院蚕业研究所的合作，积极争取广西环江、宜州、华南农大等科研单位、企业的支持。建立乡土能人的激励机制，发挥能人带动作用。不断充实县、乡专业技术人员，各乡（镇、街道）不断招聘相关专业技术人员充实到乡镇农业服务中心，从事桑蚕技术指导工作，并将桑蚕专业或具有桑蚕种养经验的人员充实到县桑蚕办。积极开展试验示范，分别在不同的区域进行新品种引进种养试验，遴选适宜黎平区域种养的品种，进行成熟品种的种养示范，让群众看有样板、学有示范，增强辐射带动作用。根据不同区域、不同对象，实行分类指导，通过县、乡、村"三级联动"及"请进来、走出去"的会议培训、现场指导、外派跟班学习等方式狠抓蚕农技能的提升培训，年内已先后邀请县内外专家开展技能技术培训20余次，培训人员2000余人次，派出300余名蚕农到广西环江、宜州、邕宁等地对桑树栽培的基础知识、桑树的管理与修剪、桑树的越冬管理与丰产技术、桑叶的采前与采后管理、家蚕主要病虫害防治、蚕室与各蚕龄期的杀菌消毒、小蚕共育、大蚕省力化饲养、纸板方格蔟使用等进行技术培训，不断提高桑蚕种养水平和效益。

## 六　探索发展模式，促进产业发展

采取"公司＋专业合作社＋农户""合作社＋农户""公司＋基地＋农户"等模式，引进缫丝加工企业，带动贫困户利用"特惠贷""三变"模式入股参与企业分红，引导企业采取与蚕农签订保价回收合同、提供免费技术指导服务等方式，与农户结成利益共同体，实现"订单式"种植，切实解决蚕农生产、销售方面的问题。

# 参考文献

白南生、卢迈:《中国农村扶贫开发移民：方法和经验》，《管理世界》2000年第3期。

蔡昉、陈凡、张车伟:《政府开发式扶贫资金政策与投资效率》，《中国青年政治学院学报》2001年第2期。

邓维杰:《精准扶贫的难点、对策与路径选择》，《农村经济》2014年第6期。

都阳、蔡昉:《中国农村贫困性质的变化与扶贫战略调整》，《中国农村观察》2005年第5期。

宫留记:《政府主导下市场化扶贫机制的构建与创新模式研究——基于精准扶贫视角》，《中国软科学》2016年第5期。

郭小妹:《精准扶贫机制实施的政策和实践困境》，《现代经济信息》2015年第23期。

洪大用:《改革以来中国城市扶贫工作的发展历程》，《社会学研究》2003年第1期。

洪名勇:《开发扶贫瞄准机制的调整与完善》，《农业经济问题》2009年第5期。

黄季焜、马恒运、罗泽尔:《中国的扶贫问题和政策》，《改革》1998年第4期。

匡远配:《中国扶贫政策和机制的创新研究综述》,《前进》2006年第1期。

李小云、唐丽霞、许汉泽:《论我国的扶贫治理:基于扶贫资源瞄准和传递的分析》,《吉林大学社会科学学报》2015年第4期。

李小云:《我国农村扶贫战略实施的治理问题》,《贵州社会科学》2013年第7期。

刘慧、叶尔肯·吾扎提:《中国西部地区生态扶贫策略研究》,《中国人口·资源与环境》2013年第10期。

龙花楼、屠爽爽、戈大专:《新型城镇化对扶贫开发的影响与应对研究》,《中国科学院院刊》2016年第3期。

唐丽霞、罗江月、李小云:《精准扶贫机制实施的政策和实践困境》,《贵州社会科学》2015年第5期。

汪三贵:《扶贫投资效率的提高需要制度创新》,《农业经济问题》1997年第10期。

王宇、李博、左停:《精准扶贫的理论导向与实践逻辑——基于精细社会理论的视角》,《贵州社会科学》2016年第5期。

吴国宝:《对中国扶贫战略的简评》,《中国农村经济》1996年第8期。

杨园园、刘彦随、张紫雯:《基于典型调查的精准扶贫政策创新及建议》,《中国科学院院刊》2016年第3期。

张伟宾、汪三贵:《扶贫政策、收入分配与中国农村减贫》,《农业经济问题》2013年第2期。

赵昌文、郭晓鸣:《贫困地区扶贫模式:比较与选择》,《中国农村观察》2000 年第 6 期。

朱乾宇:《政府扶贫资金投入方式与扶贫绩效的多元回归分析》,《中央财经大学学报》2004 年第 7 期。

# 后　记

　　通过这次历时两年的跟踪调研，我们对于贫困有了更深的认识。我们常见的思维方式是认为穷人最缺乏的是食物，说到贫困我们的第一感觉就是"吃不饱"。如果真的是这样，那么首要的扶贫任务应该就是提供必需的食物，只有让穷人吃饱了，才有精力去进行生产，才能够创造财富，最终摆脱贫困。然而实际情况真的是这样吗？

　　在调研过程中我们发现，老弱病残致贫的人群确实存在吃饭这个问题，由于自身条件所限，他们的贫困问题绝对不是依靠吃饱饭就可以解决的，而更需要政府和社会的综合救助。其他贫困人口在获得食品补贴之后，更倾向于购买口味更好、价钱更高，而不是更划算的食物。基于此，我们认为贫困人口缺少的可能不只是数量足够的食物，而且是更好、更健康的食物。但是，由于营养带来的生产能力的提高并不显著，穷人缺乏购买营养食品的动力。他们更愿意增加满足感，增加生活的乐趣对穷人来说更重要。因此，粮食补贴或资金援助并不能从根本上解决贫困问题。当然，对儿童和孕妇的直接营养投入会产生巨大的社会回报，例如正在实施的免费午餐计划和牛奶计划将对贫困人口的健康状况产生深远影响。

输血不如造血，这是我们在直面脱贫户时最直观的感受。一时的救助可以帮助贫困户解决当前的困难，但是一旦后续出现返贫问题怎么办？真正摘帽脱贫的人，是那些通过精准扶贫学到了可以傍身的一技之长，或是投身某个可以长期持续发展产业的人。而这并不是一件容易的事情，在调研过程中我们看到了太多的因为缺乏规划而最终失败的案例。目前各地在推行精准产业扶贫，虽然取得了一定积极成果，但也存在政府资金投向不合理、产业发展模式单一、资源分配不公平等问题，必须采取有效措施解决这些问题，才能迅速推进脱贫进程，这也是精准扶贫能否顺利实施的重点。

此次精准扶贫课题能够顺利完成要感谢的人很多，感谢中国社会科学院的大力支持，感谢贵州省黔东南州黎平县政府、水口镇政府和八列村村委会的积极协调，感谢被访谈农户的认真对待，感谢课题组所有成员的辛勤付出。

张小溪　张　平

2019 年 10 月

## 图书在版编目（CIP）数据

精准扶贫精准脱贫百村调研. 八列村卷："五大产业"点亮脱贫攻坚路 / 张小溪, 张平著. -- 北京：社会科学文献出版社, 2020.6
ISBN 978-7-5201-5230-3

Ⅰ. ①精… Ⅱ. ①张… ②张… Ⅲ. ①农村-扶贫-调查报告-黎平县 Ⅳ. ①F323.8

中国版本图书馆CIP数据核字（2019）第164038号

· 精准扶贫精准脱贫百村调研丛书 ·

# 精准扶贫精准脱贫百村调研·八列村卷
## ——"五大产业"点亮脱贫攻坚路

著　者 / 张小溪　张　平

出 版 人 / 谢寿光
组稿编辑 / 邓泳红　陈　颖
责任编辑 / 吴　敏

出　　版 / 社会科学文献出版社·皮书出版分社（010）59367127
　　　　　　地址：北京市北三环中路甲29号院华龙大厦　邮编：100029
　　　　　　网址：www.ssap.com.cn
发　　行 / 市场营销中心（010）59367081　59367083
印　　装 / 三河市尚艺印装有限公司

规　　格 / 开　本：787mm×1092mm　1/16
　　　　　　印　张：11　字　数：111千字
版　　次 / 2020年6月第1版　2020年6月第1次印刷
书　　号 / ISBN 978-7-5201-5230-3
定　　价 / 59.00元

本书如有印装质量问题，请与读者服务中心（010-59367028）联系

版权所有　翻印必究